乡村振兴之
农民素质教育提升系列丛书

农业支持保护政策

◎ 杨静丽　杨丕斌　张兰英　雷素琼　主编

中国农业科学技术出版社

图书在版编目（CIP）数据

农业支持保护政策 / 杨静丽等主编 . —北京：中国农业科学技术出版社，2019.7

（乡村振兴之农民素质教育提升系列丛书）

ISBN 978-7-5116-4322-3

Ⅰ.①农… Ⅱ.①杨… Ⅲ.①农业经济－政策支持－中国 Ⅳ.①F32

中国版本图书馆 CIP 数据核字（2019）第 157945 号

责任编辑	徐　毅　贾　伟
责任校对	马广洋

出 版 者	中国农业科学技术出版社
	北京市中关村南大街12号　　邮编：100081
电　　话	（010）82106643（编辑室）　（010）82109702（发行部）
	（010）82109709（读者服务部）
传　　真	（010）82106631
网　　址	http://www.castp.cn
经 销 者	全国各地新华书店
印 刷 者	北京建宏印刷有限公司
开　　本	850mm×1168mm　1/32
印　　张	6.875
字　　数	161千字
版　　次	2019年7月第1版　2019年7月第1次印刷
定　　价	32.00元

版权所有·翻印必究

《农业支持保护政策》编委会

主　编　杨静丽　杨丕斌　张兰英　雷素琼
副主编　盛文忠　刘文忠　王自然　刘　杨
　　　　王冠斌　张秀昌　李广远　任长军
　　　　斯那此姆
编　委　胡雨奇　张尚美　张　燕　沈银凤
　　　　劳沈颖　钱　英

PREFACE 前言

农业支持保护制度是现代化国家农业政策的核心，也是我国发展现代农业的必然要求。改革开放以来，国家财政对"三农"的投入快速增长，农业补贴涵盖的范围越来越宽，已初步构建了一套适合我国国情的比较完整的农业支持保护体系。但是，近年我国农业生产成本快速攀升，大宗农产品价格普遍高于国际市场，农业比较效益偏低。保证饭碗牢牢端在自己手里，保证农业产业安全，提升我国农业竞争力，必须进一步加强对农业的支持保护。随着财政收入增幅趋缓，以及农业补贴日益逼近我国加入世界贸易组织承诺的"黄箱"补贴上限，农业支持保护政策也需要调整和完善。党中央《深化农村改革综合性实施方案》明确提出，要坚持多予少取放活的基本方针，提高农业支持保护的效能，加快形成覆盖全面、指向明确、重点突出、措施配套、操作简便的农业支持保护制度体系，以保障我国粮食等主要农产品供给、促进农民增收、实现农业可持续发展。

本书共两篇20章，上篇（概念与发展）主要介绍了我国农业支持保护政策概念及其演变，农业支持保护政策重要内

农业支持保护政策

容等；下篇（政策与法规）重点介绍了现行的粮食产业支持和保护、扶持农业产业化发展、精准扶贫脱贫、农业农村部2019年财政重点补贴等强农惠农政策、精准扶贫和农村土地确权政策等。可供广大农村基层工作者、农业工作管理者、农业生产经营者阅读参考，亦可用作农民素质提升和新型农业经营主体等培训教材。

由于编写时间和水平有限，书中难免存在不足之处，敬请广大读者批评指正。

编 者
2019年6月

CONTENTS 目录

上篇 概念与发展

第一章 农业支持保护政策概念……003
  一、农业支持保护政策含义……003
  二、农业支持保护政策依据……005
  三、农业支持保护政策分类……008
  四、农业支持保护政策实施背景……009
  五、农业支持保护政策战略调整……011
  六、农业支持保护政策问题与建议……014

第二章 农业支持保护政策的建立及其形成……018
  一、农业支持保护政策的建立……018
  二、农业支持保护政策的形成……021

第三章　建立与市场经济相适应的价格支持政策 … 022

一、改革农产品流通体制 … 022

二、实行对重要农产品的价格支持 … 023

三、完善农产品收储制度 … 027

第四章　农业投入政策推动财政支农投入稳定增长 … 031

一、探索建立农业投入稳定增长机制 … 031

二、优化农业投入结构 … 033

三、改革创新农业投融资方式 … 034

第五章　深化农村税费制度改革 … 036

一、减轻农民负担 … 036

二、全面取消农业税 … 037

三、逐步加大涉农税收优惠 … 038

第六章　建立城乡平等的就业制度 … 040

一、逐步放开城乡劳动力市场 … 040

二、畅通城乡人才流动渠道 … 041

目 录

第七章 以绿色生态为导向的农业补贴制度 043

一、构建了农民收入补贴制度 044

二、构建了农业生产性补贴政策体系 045

三、构建了农业生态资源保护补贴制度 046

四、构建了农业防灾减灾保障制度 048

第八章 创新农村金融保险政策 049

一、完善农村金融组织体系 049

二、创新农村金融产品和服务 050

三、创新农业保险产品和服务 051

第九章 农业支持保护制度化法制化 053

一、逐步形成完备的农业法律法规体系 053

二、现行法律法规为"三农"发挥了重要作用 055

第十章 不断完善农业支持保护政策体系 058

一、加快建立新型农业支持保护政策体系 058

二、完善农业支持保护制度的现实依据 060

三、完善农业支持保护制度的必要性 062

四、完善农业支持保护制度的中国方案………065

五、坚持完善农业支持保护政策体系…………067

下 篇 政策与法规

第十一章 2019年农业生产发展项目实施方案……071

一、农业生产发展资金项目实施方案…………071

二、农业资源及生态保护补助资金项目

实施方案……………081

三、动物防疫等补助经费项目实施方案………083

四、农业生产救灾资金项目实施方案…………084

第十二章 2019年重点强农惠农政策……………086

一、农业生产发展与流通……………086

二、农业资源保护利用……………091

三、农田建设……………093

四、农业科技人才支撑……………094

五、农业防灾减灾……………095

六、乡村建设……………096

目 录

第十三章 支持特色小（城）镇建设政策 …………098

一、金融支持特色小（城）镇建设促进
脱贫攻坚…………098

二、三部委开展特色小镇培育工作…………101

第十四章 支持农业转移人口市民化若干
财政政策 …………104

一、总体要求…………104

二、基本原则…………105

三、政策措施…………105

四、组织实施…………109

第十五章 农业保险政策 …………110

一、中央财政农业保费补贴保险产品政策……110

二、中央财政农业保险保险费补贴制度……113

第十六章 扶持农业产业化发展政策 …………115

一、扶持农业产业化发展政策…………115

二、关于调整和完善扶持农业产业化
发展政策…………120

三、农业补贴重大变化 …………………… 122
　　四、如何申报国家农业发展项目 …………… 123

第十七章　粮食产业支持和保护政策 …………… 132

　　一、调整完善农业三项补贴政策 …………… 132
　　二、全面推开农业"三项补贴"改革 ………… 138
　　三、财政补贴支持大豆棉花目标价格
　　　　改革试点 …………………………… 144
　　四、财政补贴种粮收益玉米生产者 ………… 145

第十八章　国家对畜牧业的扶持政策 …………… 147

　　一、对猪牛羊养殖补贴政策 ………………… 147
　　二、对鸡鸭养殖补贴政策 …………………… 148
　　三、畜禽禁养补贴政策 ……………………… 149
　　四、畜禽养殖标准化示范创建政策 ………… 150

第十九章　精准扶贫脱贫政策 …………………… 155

　　一、发展特色产业　促进精准脱贫 ………… 155
　　二、农业项目资金向贫困地区倾斜政策 …… 158
　　三、生态保护补偿助力精准脱贫 …………… 162

目 录

第二十章 农村土地确权政策 …… 165

一、农村土地经营权流转政策 …… 165

二、农村土地确权登记颁证政策 …… 175

三、农村土地确权登记颁证若干问题解答 …… 180

四、农村土地所有权承包权经营权分置 …… 192

五、农村房屋宅基地确权政策 …… 199

参考文献 …… 203

上 篇

概念与发展

第一章
农业支持保护政策概念

党的十九大提出实施乡村振兴战略，明确要求"完善农业支持保护制度"，2018年，中共中央国务院一号文件（简称中央一号文件，全书同）对"完善农业支持保护制度"作出具体部署，提出加快建立新型农业支持保护政策体系。在新形势下加强对农业的支持保护，是贯彻落实中央关于农业农村"重中之重"和"优先发展"战略的重要抓手，是实施乡村振兴战略和推进农业供给侧结构性改革的重要支撑，是农业农村稳定发展和农民持续增收的重要保障。总结回顾40年来农业政策改革发展历程，对于进一步探索和改革新时期农业支持保护政策，推动乡村振兴战略的实施具有重要意义。

一、农业支持保护政策含义

农业支持保护政策是指在国民经济运行过程中，政府为确保农业在国民经济中发挥基础作用，使农业的发展与国民经济其他产业的发展相适应，以便实现整个国民经济持续、协调、快速发展而采取的一系列保护与支持农业的政策措施的

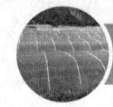

总和。

农业支持保护政策定义一系列支持和保护农业的政策措施理论依据农业的公共产品性等类别边境保护政策、"黄箱"政策等战略制度化、最优化、多样化。对农业保护政策的含义,理论界有不同的观点,可以分为两大类。

(1)狭义的农业支持保护政策:这种对农业保护政策的界定通常强调农产品边境保护、价格支持和生产资料补贴等方面,代表性的有:日本学者速水佑次郎等在《农业经济论》中提到:所谓农业保护政策是指政府介入农产品或生产资料市场,将农产品价格提高到市场均衡价格以上,或降低农户的生产资料使用成本,甚至以直接支付的方式,提高农业生产者收益的政策。

(2)广义的农业支持保护政策:这种观点认为,农业支持保护政策的目标包括提高农业生产力、增加农业生产者收入、保护粮食安全等多方面。在具体政策上不仅包括边境政策、价格干预政策和收入支持政策,还包括诸如农业科技支持,农业基础设施等与促进农业发展相关的其他政策和措施。代表性的有:潘盛洲在《农业保护政策的比较研究》中提到:农业支持政策和保护是指在国民经济运行过程中,政府为确保农业发展基础作用,使农业的发展与国民经济其他产业的发展相适应,以便实现整个国民经济持续、协调、快速发展而采取的一系列保护和支持农业的政策的综合;李建平在《我国农业保护政策研究》中提到:在市场经济条件下,为了实现农业持续健康发展,进而促进农业与工业发展相适应并有效地支撑国民经济稳定、协调发展,而对农业采取的一系列保护和支持政策的总和。

二、农业支持保护政策依据

(一) 市场失灵

1. 农业的外部性

所谓外部性,是指某种经济活动能使他人得到附带的利益或使他人受到损害,而受益人或受害人无需付出相应的报酬或无法得到赔偿的现象。

2. 农业的外部性有正有负,涉及许多方面

从农业对生态环境的外部性来看,正的外部性包括形成的农业景观、生物多样性保持、二氧化碳吸收、控制洪水等;负的外部性包括水土流失、水资源耗竭、地表水和地下水污染、野生动植物栖息地丧失、农业化学品污染等。从农业的经济外部性来看,包括经济缓冲作用、国土空间上平衡发展、确保农村活力等,从农业的社会外部性来看,包括社会的稳定作用、确保农业劳动力就业、社会福利替代等。在没有特定政策干预和特殊制度安排的情况下,经济活动主体既没有获得来自正外部性的经济补偿,也没有负担所应承担的相关费用,即市场及价格机制没有反映或没有全面反映这一经济活动的全部成本或收益,从整个社会来看,资源配置无法达到最佳状态,从而引起社会福利的下降。农业外部性的出现取决于多种因素,特别是农业的生态环境外部性取决于农业生产活动的类型、使用的农业技术、作物品种、集约水平、农业资源状况以及产权制度等多种因素。农业对于经济缓冲、扶贫、农业劳动力就业以及社会福利替代所具有的外部性,在很大程度上取决于经济发展水平。一般而言,发展中国家经济发展水平较低,农业人口比重较大,农村社会保障体系缺乏,农村贫困问题较严重,农业对于经济缓冲、扶贫、农业劳动力就业以及社会保障替代具有较大的正外部效应。

(二)农业的公共产品性

所谓公共产品,是指具有非排他性和非竞争性的产品。所谓非排他性,是指即使某一经济主体没有支付相应的费用,也无法将他排除对这一产品的消费之外;所谓非竞争性,是指他所具有的不会因某一主体的消费而减少其他主体对这一产品的消费量。同时具有非排他性和非竞争性的产品被称为纯公共产品,而只具备这两个特性中的一个的产品则被称为准公共产品。农业多功能性所提供的许多非商品产出具有不同程度的非排他性和非竞争性,既具有公共产品或准公共产品的部分特性。因为农业的非商品产出不同于商品产出,对其很难进行产权界定,他作为农业的溢出效应对生产者以外的其他人发生影响或使其受益,难以排除特定的人不支付报酬就不让他消费,因而在其作用范围内具有非排他性;由于其影响或受益范围因非商品产出的不同而不同,因而农业非商品产出在不同的范围内具有不同程度的非排他性。农业非商品产出的特点也决定了其具有不同程度的非竞争性,如粮食安全所带来的社会稳定,良好环境所带来的生活高质量,生物多样性所带来的选择价值和存在价值等。在一定程度上,一个人对这些非商品产出的消费不会影响其他人对它们的消费,即具有不同程度的非竞争性,因而社会不应该排除任何人消费该商品的权力。农业非商品产出的公共产品性,提出了政府实施农业保护政策的必要性。

(三)农业的弱质性

在与其他产业的竞争中,农业处于相对不利的地位。随着经济的发展，城市和非农产业的用地不断增加，地价不断上涨，土地用于非农产业的报酬远远高于农业，使农地的流失不断增加；由于农业的比较利益低下，使得农业中的资金和较高素质的劳动力流向非农产业，造成农业的资金短缺和高素质劳动力的缺乏，农业发展后劲不足；相对于新兴的非农产业来说，农业科研周期较长，技术进步相对缓慢，农业剩余劳动力的转移又相对滞后于非农产业产值份额的提高，使得农业劳动生产率比较低；农产品的需求弹性较小，恩格尔定律的作用，农产品不耐储运等特点，使得农业的贸易条件不断恶化，农民收入增长乏力，农民与非农业就业者的收入差距拉大。这说明农业具有天生的弱质性，要解决这些问题必须依靠政府对农业的保护。

（四）农业的不稳定性

首先，由于农业的自然再生产与经济再生产交织在一起，使得农业受自然条件影响很大，而自然条件是变化无常的，因此农业生产也相对不稳定；农业生产本身具有周期性，并且生产周期长，生产不易调整，也会导致农业的波动。其次，由于宏观经济环境的变化或不景气，对农业造成冲击。如加入世贸组织以后，农产品贸易趋于自由化，国内农业受到国际市场的冲击而出现较大的波动；经济不景气时，劳动力市场受到冲击，农业剩余劳动力转移困难，农民收入减少；而在经济景气时，又出现大量劳动力涌向非农产业，由于比较利益的驱使可能会出现耕地的撂荒。再次，由于土地等自然条件的限制和动植物本身生物学特性的制约，使得农产品的短期供给弹性比较小，但由于人们对农产品的需求刚性，价格对供给量的反应却非常敏感；同时农产品的需求弹性更小，难

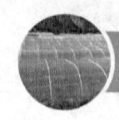

以实现农产品的市场供需均衡。当某些因素导致价格和产量一定程度的波动时，会产生蛛网效应。另外，农产品价格与供给间的互动关系还受动植物生理机能的影响，由于农业的生产周期较长，许多农民对价格的反应又具有滞后性，市场的自行调节难以使农产品的供给及时追随市场价格的变化，会造成农产品短缺和过剩效应的放大，使农业生产产生更大的波动。最后，农产品大多具有易腐性，不耐久藏，且储藏费用高，所以收获后应立即出售，即使市场价格低廉也必须出清；反之，产品稀少时，虽然市价高，但在本期内无多余库存供应市场，无法满足市场需求。因此，农产品一经产出，其供给即已确定。农业的不稳定性要求政府要建立农业保护政策。

三、农业支持保护政策分类

以WTO（世界贸易组织，英文全称：World Trade Organization，英文简称：WTO）《农业协议》的内容为参照，对农业支持保护政策进行以下分类。

（1）边境保护政策。关税和非关税政策以及动植物的进出口安全检疫，如进口关税、配额、出口补贴等。

（2）"黄箱"政策。主要是指政府对国内农产品市场价格的干预政策以及对农业投入品或要素的补贴政策，包括保证价格（目标价格）、最低保护价格、农业生产资料补贴、农产品营销贷款补贴等。

（3）"绿箱"政策。包括：①一般性政府服务（农业科技研究、病虫害控制、培训、技术推广与咨询服务、检验、营销与促销、基本建设服务等）；②出于食物安全目的的公共储备；③国内食品援助；④对生产者的直接支付；⑤不挂钩的收入支付;⑥政府参与的收入保险计划;⑦自然灾害救济支付;⑧通过生产者退休计划提供的结构调整援助;⑨通过资源轮休提供的结构调整援助;⑩通过投资援助提供的结构调整计划;⑪环境保护计划下的支付;⑫区域援助计划下的支付。

（4）其他影响农业发展的政策措施。如土地政策、生产者组织化程度等。上述政策措施，有些政策不只单独影响P（价格）和Q（产量），而是对二者均有影响，分类时，根据其对P、Q影响的重要程度进行划分，比如，最低保护价格政策既影响价格又影响产量，但是它首先影响的是价格，诸如此类。

进而，在农业支持保护政策的分类上可以分为首先影响农产品价格P的政策和首先影响农产品产量Q的政策两类。

四、农业支持保护政策实施背景

从各国农业支持保护政策发展历史来看，都是在其农业受到国外竞争威胁或在本国农业比较优势明显下降、受到非农产业比较优势挤压时实施的。

例如，1815年英国实行的谷物法就是这一观点的起源，也是学界认为的农业保护政策的鼻祖。它规定：在英国粮价每夸特低于80先令时，禁止粮食进口。只有在达到这种价格或超出这一价格的情况下，才许可从国外输入粮食。该政策的背景就是英国农业受到了美国等其他国家农业的激烈竞争。

再从美国农业保护政策看，战后美国的农业一直在世界处于优势地位，但是，相比其工业和信息产业的飞速进步，农业的比较优势下降明显。为了保护农业的基础地位和农民的利益，美国也采取了高水平的农业保护政策。

农业支持保护政策

总体上看,各国实施农业保护政策主要出于以下几个原因。

(1)粮食安全需要。粮食等食品是人类生存的必需品,而粮食的唯一来源就是农业,这决定了农业是人类生存和发展不可或缺的部门。当今,一个国家或地区虽然可以从国际市场大量进口农产品,但若农业完全依赖国际市场,在关键时期必然因此受制于人,不利于国家安全和社会稳定。

(2)农业特殊性的要求。首先,农业是长周期高风险行业。农业的生产周期较长,通常只能根据上期市场情况决定本期生产,中途很难调整,不能像大多数其他行业一样随时调整生产策略。农业生产既对气候依赖明显,农产品价格又缺乏弹性导致农业面临气候、市场双重风险。

其次,农业相对其他产业处于弱势地位。不论从资金回报率和资金回报周期来看,农业相对于工业和服务业都处于劣势。从发展的角度看,农业技术进步,虽然能够提高农产品产量,但受到农产品需求弹性较小的影响,会出现农业收入下降的现象,需要政府支持和保护。

最后,农业生产具有正外部性。农业生产是植物性生产,健康科学的农业可以提供良好的自然环境,净化水源和空气,维护生物多样性。

(3)实施农业保护的其他原因。农业和其他行业相比仍是劳动密集型产业,它解决了大量人口的就业问题,在发展中国家尤为如此;还有出于防止病虫害传播和"生态入侵"、保持生物多样性的目的、平衡国际收支、维护食品安全以及政治市场需求等原因,都需要政府对农业进行支持和保护。

五、农业支持保护政策战略调整

根据WTO保护框架,我国农业保护政策应从以下几方面进行战略调整。

1. 农业保护政策制度化

我国在扶农立法、监督和管理方面,与发达国家有很大差距。大多数发达国家尤其是美国对农业保护制定了周密和详尽的法规,而且形成了每五年修订一次立法的制度,从而使美国等发达国家农业保护有了根本的保证。对农业实施保护,其收益不在实施的当年而在于对其滞后效应的获取,而农业保护的当期一般又处在农业供给过剩之时,这个特点往往使人们因当前农业的乐观形势而对农业保护的必要性产生怀疑。而一旦农业保护开始削弱,其后遗症往往要等一年甚至几年后才会显现,在那个时候再重新实施农业保护,必须等一年甚至几年后才会产生收益,这样必然会造成农业发展过程因农业保护政策和措施的摇摆不定而出现震荡的局面。因此,要使农业保护政策保持必要的连续性,就必须有法律上的保证,必须制定关于农业保护的相关法律及建立执行这些法律的基本制度。

2. 农业保护结构最优化

农业涉及的部门广泛,产品繁多,要适应WTO规则,要适应农产品国际贸易自由化趋势,就不可能进行全面保护,必须有选择有重点地进行保护。因此,在选择农业保护对象,确定农业保护结构时,必须结合WTO规则和考虑农产品国际市场的比较优势和重要性,只有不具备比较优势同时又是高度重要性的产品,才是农业保护政策的对象。从当前我国农产品的现实来看,我国农业结构的调整方向是:鉴于粮食对国家稳定

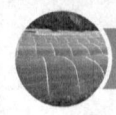

的特殊重要性，必须把保护粮食生产作为农业发展战略的一个重点。除粮油外，把不具备竞争优势的产品生产减少到最低安全水准，同时将用于这些产品生产的资源转向有竞争优势的产品生产上来，大力发展具有比较优势的产品，如水产品、畜产品、水果、蔬菜、鲜花、饮料、罐装食品以及有传统优势或地域特色的经济作物，以扩大具有竞争优势产品的国际市场，实现国内农业有限资源的合理配置。为此，以加入WTO为契机，我们要积极发展优质、高产、适应性强、抗逆强的农作物品种和畜禽良种，改善我国的农业生产结构和品种结构，提高农畜产品产量和质量，增强我国农产品在国际市场上的竞争力。同时，以优良农作物品种为龙头，采用"公司+农户"的农业经营模式，把农户组织起来，形成包括生产、加工、保鲜、包装、储运和销售等全过程的产业链，加快农业产业化的进程，提高我国农业的整体效率，促使我国农业从此走上良性发展的轨道。

3. 农业保护方式的多样化

我国的农业保护要充分利用WTO规则的政策，采取多样化的保护方式。具体来说，有如下几个方面。

（1）充分利用WTO"绿箱政策"，加大"绿箱政策"范围的政策措施的保护力度。

（2）建立农产品缓冲储备体系。农产品缓冲储备体系是西方发达农业国家普遍实行的鼓励农民自己储存农产品的政策，是保证农产品供给安全、平抑价格波动的重要手段。其基本内容是：政府付给农民一定的储存费用，由农民储存其产品，并对谷物等农产品预先规定"释放价格"和"号令价格"，当农产品价格低于释放价格时，农民不能随便出售，当市场价格高于释放价格而低于号令价格时，政府不再支付储存费用，而当市场价格高于号令价格时，农民就必须在一定时间内出售其农产品，并归还无追索权贷款。因此，要按照国际惯例，建立农产品缓冲储备体系，包括商业储备和专项储备。粮食专项储备最低储备率应为国内粮食年消费量的5%~6%，商业储备应达到年消费量的12%。

（3）确立制度化的农业投入体系，强化农业发展基础。第一，大量增加国家财政对农业的支持力度，财政支出重点应放在跨区域性的农业基础设施建设、重大农业科学基础研究和农业科技推广、农用工业以及重要的农业开发项目等；第二，发挥政策性金融机构的作用，政府必须针对农业生产的特点和在不同时期、不同情况下政府的支持与鼓励重点，对农业生产分别制定必要的金融扶持政策；第三，建立国家农业建设保护基金。

（4）建立农业保险制度，增强农业抵抗风险能力。农业保险是世界大多数国家实施农业保护的一项非常重要的手段和方式。为减轻自然灾害给农民可能造成的风险损失，西方发达农业国政府对从事农业保险的机构提供大规模的保费补贴，从而使农民能以较低保险费普遍参加农业保险。因此，随着加入WTO，我国必须改革我国的农业保险制度，把农业保险制度建设列入政府农业宏观政策的议事日程，建立符合我国实际的农业保险制度，充分发挥农业保险在促进农业发展方面的重要作用。比如，设立专业性的农业保险公司；中央财政每年按一定比例拨付资金建立国家农业保险基金，对农业保险进行补贴等。条件好的地区可由商业保险公司与地方政府联合经营农业保险，这有利于增强农民的保险意识，提高农业和农民抗风险

能力，调动地方和农民的积极性。

（5）充分利用特殊保障条款，进行农产品贸易控制。目前，我国对农产品贸易的控制主要是通过许可证配额及进口专营等非关税手段实现的，加入WTO后，我国要按照有关规定在约定时间内参照执行。但我国可根据WTO规定的"特殊保障条款"等保障措施，掌握控制市场开放风险的主动权。关税配额管理制度实际是WTO允许存在的进口保护的过渡措施，承诺的准入量只是市场准入的机会，而不是最低购买义务。对于关税配额量的执行，WTO并无任何强制性要求，从关税配额管理制度实际执行的情况来看，自1995年以来，大部分成员国只完成关税配额准入量的66%。因此，我国可以在过渡期间，要用好用活配额管理制度对我国有利的一面，逐渐地、有步骤地放开农产品市场，使配额管理成为保护我国农产品的手段之一。

（6）建立健全农业保护的中介和载体，完善农业社会化服务体系。市场体系是发展农村市场经济的基础，也是政府实施农业保护的中介和载体。因此，在制定市场进入法则，通过法律法规约束各市场主体的行为，加强"软件"建设的同时，还要加大力度，通过建立农村社区性合作经济组织和专业合作组织，为农民解决一些仅靠自身力量无法解决的新问题，为农村经济的发展提供完备的服务；通过建立建全全国农村信息网络系统，为农民提供具有超前性、准确性、指导性的信息，让农民根据这些信息去决定各自的生产计划和销售形式。

六、农业支持保护政策问题与建议

进入新世纪以来，我国实施一系列强农惠农富农政策，初步形成价格支持、直接支付和一般服务支持等方式相结合的农业补贴政策框架，对促进农业生产、增加农民收入发挥了一定积极作用。但随着社会经济和农业发展形势的变化，一些农业支持保护政策在对象选择和方式选择上产生了偏差，暴露出一些问题。

（一）新形势下农业支持保护政策的问题

一是存在盲目扶"大""优""强"的政策导向，这可能让一部分地区、一部分主体变得更好，但却使未受扶持的地区或主体的情况而变得糟糕，产生"挤出效应"，使公共利益受损。

二是在政策诱导下，主体经营行为容易产生扭曲，盲目扩大投资，陷入经营危机。一些地区对规模主体经营农业予以支持，但是政策诱导使得很多规模经营主体盲目投入大量资金从事并不擅长的农业经营，结果因为经营不善，资金链断裂，无法偿还贷款，陷入巨大的经营危机。

三是政策工具的不当选择诱发"产品过剩"，威胁产业安全，抬高地租并导致农业固定投资和经营成本进一步上升。如长期执行玉米临储政策，导致玉米产量与价格持续上升，种植户普遍"卖难"，下游加工企业则开工不足；同时国内外玉米价格倒挂，进口玉米和木薯等替代品大量涌入国内，国粮则普遍入库。

四是政策执行因成本过高和政策外溢而效率低下。如，此前实行的种粮直补政策，初始目标是基于现期种粮面积进行挂钩补贴，需每年核定实际种粮主体和面积，但我国人多地少的基本国情决定了其执行成本的高昂。因此，这项政策在基层政府执行中转变成按承包面积发放补贴。

公共政策的实施效果发生偏差,问题可能发生于从政策目标设定、政策工具选择到政策执行推进、政策效果评估等环节。分析当前我国农业支持保护政策面临的主要问题,其根源主要如下。

第一,农业生产的公共政策未及时跟上农业产业发展和农民角色的变化,对形势变化反应的滞后性,进一步导致政策工具的选择缺乏精准性,政策执行产生疏漏和偏离初始目标。比如2004年起,国家为了刺激种粮积极性,促进粮食生产,在全国范围推开种粮直补。政策目标原本是补贴从事粮食生产的农民。但是,随着城乡二元体制藩篱的破除,农民的收入来源日益丰富,每亩[①]100多元的补贴金额已很难刺激农民的种粮积极性,对增加粮食种植面积的效果不大。

第二,政策工具选择不当,可能扭曲农业生产行为,增加边际成本、降低净收益。已有研究均表明,农地租金将随政府直接补贴的增加而提高。由于土地供给缺乏弹性,类似土地流转补贴、按实际种粮面积发放补贴等支持方式,无论补贴转入方还是转出方,均会产生由转出方获得大部分补贴金额的"补贴效应"。

第三,政策评估存在片面认识,导致政策评估缺乏系统性、长期性和前瞻性。一是"只看树木不见森林",忽视对政策效果的综合分析,导致政策评估仅对一些考察成本低的指标进行考察,指标内容往往带有短期可视、能够突出业绩等典型特征。二是"以现象解释现象",将政策效果等同于政策输出,即把政府推行某项政策时所做的实际事务等同于政策效

---

① 1亩≈667米^2,全书同

果,导致政策评估陷入对事实的同义反复中。

当前,我国经济发展进入新常态,正从高速增长转向中高速增长,如何在经济增速放缓背景下继续强化农业基础地位、促进农民持续增收?如何在"双重挤压"下创新农业支持保护政策、提高农业竞争力?

(二)新形势下农业支持保护政策的建议

结合当前及未来农业发展趋势,农业支持保护政策改革应着力摆正政府与市场的关系,优化农业支持方式,在确保产品市场和要素市场健康发展的前提下,保护农业生产者利益、提升经营主体抗风险能力。建议从以下几方面加以完善。

一是优化支持方式,控制直接补贴,加强间接补贴,着重对农田基础设施建设、农业社会化服务、农业科技创新、农业金融和农业保险等方面进行补贴支持。

二是丰富支持手段,组合政策工具,强化金融保险,积极探索政府财政资金的杠杆撬动方式,引导金融、保险共同参与,打造新型农业融资模式和农业补贴手段。

三是盘活补贴存量,整合补贴资金,发挥倾斜优势,面对农业补贴增量递减的趋势,在巩固现有补贴成果的基础上,对补贴存量进行结构性优化调整,实现农业补贴存量和增量向粮食等重要农产品主产区的双重倾斜。

四是明确政策目标,完善评估标准,科学评价效果,对于农业支持保护政策效果的评估,要从效率、公平性、系统性等方面进行考量,要充分考虑农业生产的特殊性,秉持可持续发展理念、公共利益目标和正确的政绩观,引导政策发挥最大效益。

第二章 农业支持保护政策的建立及其形成

一、农业支持保护政策的建立

改革开放以来,中央坚持在宏观调控中加强和保护农业,陆续出台了一系列强农惠农富农政策,逐步形成了以农业投入、价格支持、农业补贴、金融服务等为重点,以保障国家粮食安全、促进农民增收和生态环境改善为目标的农业支持保护政策体系。回顾改革开放40年的发展历程,农业支持保护政策的发展始终与深化改革的实践相辅相成,是我们党"三农"指导思想不断发展的生动体现。

1978—1984年,以放活农村经营制度、调动农民生产经营积极性为主要指导思想。这一时期,在"放活"的同时逐步提高农产品收购价格,拉开了调整工农城乡关系的序幕。加快推进农村经济体制改革,以家庭承包经营为基础、统分结合的双层经营体制逐步确立,国家作出了土地承包期在15年以上的政策安排。在完善农村基本经营制度的同时,国家连续提高粮食收购价，充分发挥价格"指挥棒"作用，逐步增加农业基础设施投入，极大地解放和发展了生产力，推动了农业农村经济发展。

1985—1991年，改革流通体制、提高农业市场化程度成为这一时期改革完善农业支持保护政策的主要指导思想。1978年以来，全国粮食产量连续跨越3亿吨、3.5亿吨和4亿吨3个台阶，人均粮食接近400千克水平。随着粮食连年增产，调整优化农业结构、建立与之相适应的市场机制成为这一时期农业支持保护政策的核心目标。1985年1月，中共中央、国务院下发了《关于进一步活跃农村经济的十项政策》（中发〔1985〕1号），我国长期实行的农产品统购统销制度开始改革，合同定购和市场收购逐步推行，农产品市场化程度不断提高。同时，国家积极推进农业和农村的产业结构调整。一方面鼓励发展多种经营，优化种植业结构，促进农林牧渔全面发展；另一方面鼓励农民从事工商业等非农产业活动和发展乡镇企业。在政策引导下，乡镇企业异军突起，农村经济从传统的农业单一结构转向多部门的综合发展，农产品市场和农村要素市场经历了自发生长到发育壮大的过程，为我国由计划经济体制向社会主义市场经济体制过渡奠定了基础。

1992—2002年，全面深化农业农村市场化改革和完善宏观调控制度，成为这一时期改革完善农业支持保护政策的主要指导思想。中央明确了建立社会主义市场经济体制的改革目标，农村改革从过去的单项突破转变为综合配套、整体推进，农业支持保护政策的内涵进一步丰富发展。这一时期，农产品和农资购销价格进一步放开，粮食流通体制改革走向深化，保护价收购制度不断发展完善，农业产业化经营和乡镇企

农业支持保护政策

业产权制度改革等纵深推进,农业支持保护也初步实现了从主要依靠行政手段调控向更多应用经济和法律手段的转变。

2003—2012年,统筹城乡发展、调整工农城乡关系,成为这一时期改革完善农业支持保护政策的主要指导思想。进入新世纪以来,中央提出了"三农"发展是全党工作"重中之重"的战略思想,坚持统筹城乡经济社会发展的基本方略,实行工业反哺农业、城市支持农村和"多予少取放活"的方针,扎实推进社会主义新农村建设,推动我国农业支持保护取得了长足发展。在这一时期,国家对农业实现了从"取"到"予"的根本性转变,财政政策、补贴政策发挥了主导性作用,国家连续提高粮食最低收购价,全面取消农业税,实行"四补贴"、推动农村劳动力转移和平等就业等重大举措先后出台,农业支持保护水平大幅提高,政策体系不断完善,农业支持保护的政策框架初步形成,工农城乡关系发生根本性转变。

2013年至今,以习近平总书记关于做好"三农"工作的重要论述为指引,农业支持保护的理念和内涵进一步丰富和发展。党的十八大以来,在习近平总书记关于做好"三农"工作的重要论述的指引下,坚持重中之重战略地位、坚持农业农村优先发展、坚持立足国内保障自给、坚持绿色生态导向等发展理念进一步丰富了农业支持保护的内涵,推动农业支持保护政策发生重大转型。着眼于推动乡村全面振兴,农业支持保护的目标转向更加注重农业质量效益和竞争力提升,强化绿色生态导向,支持保护领域不断拓展,调控手段也日趋完善。

二、农业支持保护政策的形成

经过40年的改革发展,适合我国国情的新型农业支持保护政策体系逐步形成。

一是政策内涵更加清晰,实现了对农业从"取"到"予"再到"优先发展"的根本性转变,从宏观层面明确传递了中央高度重视农业的强烈信号,得到了农民群众的热烈拥护,巩固了党在农村的执政基础。

二是政策目标更加多元,从保供给为主向"保供给、促增收、强生态"的多元目标转变,在农业投入、价格支持、农业补贴等政策工具的运用中,保障国家粮食安全、强化农民收入支持、推动农业绿色发展越来越成为政策的核心目标,在多元政策目标之间的协同也变得越来越重要。

三是政策体系更加完善,支持保护的范围从农业生产环节向产前、产中和产后环节延伸,从生产力层面向生产关系层面延伸,形成了对农业生产体系、产业体系和经营体系的全面支撑。

四是政策工具更加丰富,逐步形成了包括价格支持、农业投入、直接补贴、灾害救助、金融保险等在内的政策体系,进一步丰富了支持保护的手段和方式。当前,着眼于全面推进农业农村现代化,农业支持保护领域的改革仍在持续深化,农业支持保护向更加注重农业质量效益和竞争力提升、更加强化绿色生态导向转变,新型农业支持保护政策体系不断发展完善。

第三章
建立与市场经济相适应的价格支持政策

改革开放前,农产品在很长一个时期实行的是政府定价、统购统销的政策,农业剩余通过工农产品价格"剪刀差"转移,支撑了国家工业化发展。农村改革以来,国家逐步放开农产品市场,建立与社会主义市场经济相适应的农产品流通体系;与此同时,为了稳定粮食等重要农产品供给,也逐步探索建立了对粮食等主要农产品的价格支持政策,以及与之相适应的收储制度。

一、改革农产品流通体制

我国农产品市场流通体制的发展历程,既是不断深化改革放活市场要素的过程;也是在政策扶持下,不断发育和健全市场组织体系的过程。从发展阶段看,大体可分为3个阶段:第一阶段的改革重点是取消统购统销制度,由市场调节供求,形成价格,这个阶段从1985年国家开始实行农产品价格"双轨制",一直到2001年粮食价格全面放开为标志;第二阶段的改革重点是建立与WTO规则相适应的农产品流通体制，这个阶段以2001年我国加入世界贸易组织、大幅降低农产品关税水平为标志，随着经济迅速发展、城市化水平快速提高以及国际贸易的大幅增加，农产品流通规模大幅增长，对流通主体、流通渠道和流通模式都提出了新的更高要求，以批发市场为主体的农产品市场流通体系快速发展，农产品流通进入大市场、大流通的新阶段；第三个阶段是近10年来，面对信息化快速发展、国际贸易合作不断加深的新形势新要求，国家在继续改善市场基础条件的同时，着眼于培育现代农业营销主体、打造国际化大粮商、加快农产品流通现代化等，进一步加大了政策扶持力度。

二、实行对重要农产品的价格支持

价格支持政策是我国农业支持保护政策体系的核心内容，其发展演变始终与粮食等重要农产品的供求形势密切相关。改革40年来，我国粮食生产出现过3次比较大的波动，即快速发展（1979—1984年）和五年徘徊时期（1985—1989年）、持续发展（1990—1998年）和连续下滑时期（1999—2003年）、恢复发展（2004—2012年）和稳定调整时期（2013年至今），价格支持政策正是在粮食生产波动的过程中不断走向完善的。

改革开放以来，国家连续提高粮食收购价格。1979年起，国家连续提高粮食统购价格，并实行超购加价50%的激励政策，农民生产积极性得到充分调动，我国粮食连年丰收。到1983年、1984年出现了全国性的卖粮难。面对粮食过剩的局面，1985年的中央一号文件规定：取消粮食统购，改为合同定

农业支持保护政策

购和市场收购；定购粮按"倒三七"比例计价（即三成按原统购价，七成按原超购价）；定购以外的粮食可以自由上市，如市场粮价低于原统购价，国家仍按原统购价敞开收购，保护农民利益。从政策表述中可以看出，政府将原统购价当作市场粮价下跌的底线，并承诺按此价敞开收购，可以说具备了价格支持政策的基本内涵。但总体上看，这一时期的价格支持政策仍在计划经济主导下实施，价格信号难以及时反映市场供求变化，并导致了较大的政策迟滞。同时，价格支持水平总体较低，与价格支持相配套的收储制度还不完善，政策在稳定农民生产意愿、鼓励粮食部门执行敞开收购政策等方面发挥的作用还比较有限。可能带来的库存增加、费用上升等问题还没有引起重视。

20世纪90年代，探索实行粮食保护价收购政策。为了缩小合同定购价格与市场价格的差距，完成粮食定购任务，国家不得不从1986年开始分地区、分品种小幅度调高粮食合同定购价格，并在1989年将粮食合同定购价格平均提高18%，推动粮食生产进入了新一轮增长高峰期。1990年夏粮上市后，市场粮价疲软问题引起政府关注，国家连续出台文件，要求各地在以县为单位完成定购任务后，敞开收购议价粮。政策的主要内容，一是敞开收购议价粮，收购价格不得低于国家规定的保护价格；二是建立国家专项粮食储备制度，对粮食部门收购的议价粮，按分配的计划指标和结算价格转作国家专项储备。三是在分配专项储备粮计划指标时向主产区倾斜，专项储备粮的收购价与结算价之间的差价贷款由中央财政贴息。经过两年的政策运行，1993年又对这项政策进行了调整完善。一是明确了中央政府实行保护价收购的范围，国家对定购粮和专储粮实施保护价收购,收购的粮食作为国家专项储备粮,其余部分随行就市,在市场议价成交,不再硬性要求各地按国家保护价敞开收购,保护价水平基本上以上年定购价为基准。二是要求地方政府制定国家定购和专储以外粮食的保护价,并在省一级建立地方粮食储备制度。三是建立粮食风险调节基金,从1993年开始,用3年时间逐步取消中央和地方粮食财政补贴,把这部分资金用于建立粮食风险调节基金,为保护价收购提供资金保证。1995年以后,随着粮食持续增产,供过于求的矛盾更加突出,国家进一步出台了"三项政策、一项改革",即"按保护价敞开收购农民余粮、粮食顺价销售制度、加强粮食收购资金和粮食市场管理"和推进粮食购销企业自身改革,进一步完善了粮食保护价收购政策。这个阶段的粮食价格支持政策比上一阶段有所强化。一是配套政策逐步完善。为鼓励国有粮食部门开展保护价收购,逐步探索建立了粮食专项储备制度和粮食风险调节基金,由中央财政承担政策成本。二是初步划分了中央和地方责任。1993年后,国家缩小保护价实施范围,明确要求地方也要对议价粮开展保护价收购,并形成地方粮食储备,将一部分政策成本转由地方政府承担。

2004—2012年,实行最低收购价和临时收储政策。2004年,价格支持政策发生了重大转型,粮食最低收购价政策取代了实行多年的保护价收购政策。改革思路和政策内容主要包括3个方面。一是明确政策的启动和退出机制,减少对市场的过度干预。国家根据市场供求、生产成本等因素,合理确定粮食最低收购价格,当市场价格在最低收购价格水平之上时,政府不对市场价格进行干涉;当市场价格水平低于最低收购价时,政府委托部分国有粮食购销企业入市收购,促进价格回升

农业支持保护政策

到合理区间。二是限定收购主体,明确最低收购价粮食的收储责任。明确规定中储粮集团公司作为最低收购价政策执行主体,中央财政对最低收购价粮食的收购费用、保管费用和贷款利息等提供补贴,粮权属国务院。具体从事收储业务的各类企业,对最低收购价粮食的数量和质量等负有全部责任。三是限定品种和执行区域,控制政策执行成本。国家从2004年开始在水稻主产省实施稻谷最低收购价,2006年小麦也开始实行,并在一段时期内保持了最低收购价价格水平的稳定。为了促进种粮农民增收,国家在2007年、2008年分别又在东北三省和内蒙古自治区实施玉米、大豆临时收储政策,2009年起分别在17个油菜籽主产区和新疆实施油菜籽、小麦临时收储政策。2011年起,国家开始对棉花实行临时收储政策,以支持价格敞开收购棉花,当年国储收购棉花313万吨,约占全国总产量的47%。2007年以来,面对国际市场粮价上涨、国内生产成本增加、直接补贴政策效应递减等新形势,国家"小步快跑"连续提高稻谷和小麦最低收购价,在粮食主产区实行敞开收购,到2015年,水稻各品种的最低收购价累计提价90%以上,小麦最低收购价累计提价57%,最低收购价作为市场托底价格,主导了市场粮价的一轮上涨,也带动了农民收入的较快增长。

2013年至今,粮食价格形成机制改革进一步深化。2013年我国粮食总产量突破6 000亿千克并连续保持至今,由于国内外农产品市场形势发生较大变化,以最低收购价和临时收储政策为主要内容的价格支持政策面临市场机制弱化、收储规模过大、库存积压严重、财政负担加重、加工企业经营困难等问题。鉴于此,党中央、国务院及时作出了农业供给侧结构性改革的决策部署,把农产品价格形成机制改革和收储制度改革作为其中一项重大举措,坚持市场化改革取向与保护农民利益并重,按照市场定价、价补分离、主体多元的原则,分品种施策、渐进式推进改革。一是启动棉花和大豆目标价格改革试点,探索实行"市场化收购+目标价格补贴"。国家在2014年取消了新疆棉花、东北地区大豆临时收储政策,并启动目标价格补贴试点。取消临时收储后,棉花和大豆价格逐步回归市场,当市场价格低于预先确定的目标价格水平时,由中央财政向试点地区生产者提供差价补贴。二是陆续取消对食糖、棉花、玉米等重要农产品的临时收储,探索对玉米实行"市场化收购+生产者补贴"。对食糖收储,从2014年起采取中央财政贴息、制糖企业承储、地方政府落实、企业自负盈亏的市场化方式,避免了政府对食糖市场价格的直接干预;对油菜籽,2015年起国家不再实行油菜籽临时收储,改由地方政府负责组织企业收购,中央财政给予部分主产区适当支持;对玉米临时收储政策的改革也在渐次推进,国家在2015年下调东北地区玉米临时收储价格,2016年全面取消玉米临时收储,调整为"市场化收购+生产者补贴"的新机制。三是稳妥推进稻谷小麦最低收购价及收储制度改革。改革的总体思路是坚持最低收购价政策框架,进一步增强政策的灵活性和弹性。国家从2016年开始下调稻谷最低收购价,2018年开始下调小麦最低收购价,并从2018年起对有关稻谷主产省份给予适当补贴支持,以保持优势产区稻谷种植收益的基本稳定。

三、完善农产品收储制度

我国农产品收储制度的建立与完善,始终与农产品价格形成机制和粮食购销体制的改革相辅相成。20世纪90年代以

农业支持保护政策

来,在粮食保护价收购政策框架下,国家逐步形成了中央粮食专项储备、地方粮食储备、粮食风险调节基金等制度。

1990年,我国粮食产量再创历史新高,一些粮食主产区出现"卖粮难"问题,各地粮食部门相继出现了"储粮难"问题。国家开始按照规定价格敞开收购滞销粮食,用于国家粮食的专项储备。为此,国务院颁布《关于建设国家专项粮食储备制度的决定》(国发〔1990〕55号),决定建立国家专项粮食储备制度,标志着我国的粮食储备进入了一个新的阶段,初步形成了中央、省级、地县的三级储备体系。1995年,国务院颁布《关于粮食部门深化改革实行两条线运行的通知》(国发〔1995〕15号),为实现各地的粮食平衡,调控各地的粮食市场,要求粮食主产区和粮食主销区建立不同规模的地方储备,保证粮食市场供求的基本平衡。尽管3种中央储备粮的粮权都属于中央,但对于这些粮食的收购、储存、轮换、抛售等业务都是由地方负责,储备粮经营管理容易受地方利益的影响,致使中央储备粮管理不严、库存不实、调度不灵,在一定程度上削弱了粮食储备的根本目的。1996年以来,在粮食供大于求的背景下,国家要求国有粮食收储企业按保护价敞开收购农民余粮,但由于对粮食增产幅度估计不足,加上收储企业因库容紧张和补贴不到位等原因,敞开收购政策落实得不彻底,市场粮价没有托住,国有粮食企业"高买低卖",每年亏损和财务挂账高达数百亿元,财政不堪重负,在执行中也暴露出粮食企业套取价差补贴、挪用粮食收购资金等问题。在保护价收购政策执行的后期,一方面库存压力加大,另一方面又不得不降价亏损销售,国有粮食企业由此产生了巨额亏损,清理和消化粮食财务挂账经历了很长时间。

第三章 建立与市场经济相适应的价格支持政策

1999年国家决定建立中央储备粮垂直管理体系,将国家粮食储备局改为国家粮食局,作为国务院直属机构,同时组建中国储备粮管理总公司,专门负责中央储备粮的经营管理,于2000年将前述3种中央政府管理的储备粮食合并成为中央储备粮。2000年10月以后,中央储备粮的经营管理业务全部由各省(区、市)粮食局移交给中国储备粮管理总公司。2003年,国务院颁布了我国第一部规范中央储备粮管理的行政法规《中央储备粮管理条例》,标志着中国现代粮食储备制度的全面建立。同时,按照粮食省长负责制的要求,地方在中央宏观调控下,将粮食储备逐级落实到地市、县(区、市),建立了地方行政长官负责的多级储备管理制度。地方储备粮中省级储备粮粮权属于省级政府,市和县级储备粮粮权属于市和县级政府。因此,形成了我国政府粮食储备中央和地方政府两个层次。

2004年国家启动实施粮食最低收购价政策以来,又逐步发展和完善了稻谷和小麦最低收购价收储,玉米、棉花和食糖的临时收储制度,以及冻肉等重要农产品储备制度。从储备性质上看,可以分为两类,第一类是政策性收储。从2004年起,国家陆续对稻谷、小麦、玉米、大豆、油菜籽、棉花等实行政策性收储,中储粮集团公司作为政策执行主体具体承担收储工作,粮权属于国务院,由中央财政承担保管费用和利息补贴及销售盈亏,农发行提供收购贷款,收购费用包干一并计入成本。第二类是政府粮食储备。政府粮食储备是国家宏观调控和确保粮食安全的重要保障,包括中央和地方两级储备,粮权分别属于中央和地方各级政府,由中央和地方承担相应的支出责任。

在粮食流通体制改革的过程中,逐步形成了以中储粮

农业支持保护政策

集团公司为主体、实行中央储备粮垂直管理的农产品收储体制。这一体制较好地解决了过去政企不分体制下中央储备粮出现数量不实、质量不保、调不动、用不上等问题，但随着粮食收储规模不断加大，中储粮系统的收购压力、监管压力、资金运行监控压力等也随之增加，中储粮"小马拉大车"、在市场上"一家独大"等问题越来越凸显，农产品收储体制的改革要求也越来越紧迫。从改革任务看，下一步仍然要立足于保障国家粮食安全和更好发挥市场作用的目标。一方面加快粮食去库存进度，保持合理粮食库存水平；另一方面，着力构建多渠道收购和多元化收储体系，调动各类企业收购积极性。

回顾农产品价格支持政策的发展历程，改革的主线始终围绕着如何处理好发挥市场配置资源的决定性作用和更好地发挥政府宏观调控作用来推进，而政策工具的选择和应用，也始终受到国家财力水平和外部贸易环境的限制，需要在稳定市场供给、保障农民利益、提高资源配置效率等政策目标上作出取舍、取得平衡。总体上看，尽管改革过程比较曲折，但始终在向着发挥市场在资源配置中的决定性作用、让市场价格更好反映供求关系的方向前进。特别是党的十八大以来，按照农业供给侧结构性改革的要求，坚持"价补分离"的改革方向，逐步分离价格和收储政策"保增收"的功能，在让价格回归市场的同时，探索建立多元化市场收购新机制，健全农民收益保障机制，在政策和制度上作出了许多新的探索，取得了显著成效。当前，农产品价格形成机制和收储制度改革仍在不断深化，作为农业支持保护体系最核心的政策之一，价格支持政策的改革必将推动农业投入政策、补贴政策等领域的改革同步走向深入。

第四章
农业投入政策推动财政支农投入稳定增长

改革开放以来，农业投入的资金结构、运行方式和微观机制和改革开放前相比都发生了根本性变化。一方面，金融和社会资金逐步取代财政成为农业投资的主要来源，资金从过去计划分配为主转向主要通过市场配置的方向，投资主体日益多元化，且投资决策主要取决于市场利润与风险预期；另一方面，由于农业天然的弱质性和高风险，农业发展的许多领域仍然难以吸引足够的社会资本，需要更多地增加财政资金投入。正是在这样的背景下，国家一方面不断加大农业领域的财政投入力度，另一方面也在不断探索完善农业投融资机制，推动建立更多元化、更有利于高效配置资源的农业投入方式。

一、探索建立农业投入稳定增长机制

家庭承包经营制实行以来，人民公社时期"民办公助、集体经济组织、农民投工投劳"的农业建设投入机制逐步瓦解，为了扭转农业投入比重下滑的局面，1988年国务院印发了

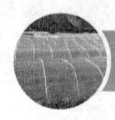
农业支持保护政策

《关于建立农业发展基金增加农业资金投入的通知》(国发〔1988〕80号),决定从1989年开始设立农业发展基金,在全国开展大规模的农业综合开发,大力改造中低产田、改善农业基本生产条件;在资金渠道上,也明确提出要从乡镇企业税收增加部分、耕地占用税收入、农林水特产税收入中提取,用于农业投入。这一时期,尽管农业基本建设投资总额持续增长,但农业基本建设投资在国家基本建设支出中的比重仍在逐步降低,从1978年的4.6%下降到1997年的1.7%。同时,广大农民以"三提五统"和投入义务工、积累工的方式参与农业农村建设,承担了对自己家庭经营土地上小型农田水利设施等基础设施的投入,仍然是农业投入的主力军。

进入新世纪以来,各级财政对农业的投入持续增加。2000年国家决定启动农村税费改革,"让公共财政的阳光逐步照耀农村"成为新时期财政支持"三农"的基本指导思想,大幅减轻了农户筹资负担,各级财政逐步加大了对"三农"的投入力度。这一时期,国债资金占年度农业基本建设投资的比重一直在70%以上,是农业基本建设投资的主要来源。从2004年开始,国债资金规模大幅减少,中央加大了预算内投资的力度,农业基本建设投资不仅没有减少,反而逐年增加,"十二五"期间,中央安排农业基本建设投资达到10 790亿元,比"十一五"增加4 990亿元。

为保证农业投入的稳定增长,国家在农业投入上也作出了相应的制度安排。进入21世纪以来的15个中央一号文件都将农业农村投入作为重点进行部署,要求加大投入、优先保障。2006—2008年3个中央一号文件分别用"三个高于"对财政支农资金的规模作出了规定,2010年中央一号文件还提出了

第四章 农业投入政策推动财政支农投入稳定增长

"总量持续增加、比例稳步提高"的明确要求。在法律上,《中华人民共和国农业法》等现行有效的43部农业专门法律和行政法规多数都有国家支持、增加投入、鼓励发展的规定,为支持农业发展提供了法律依据。

二、优化农业投入结构

改革以来,按照市场经济条件下政府职能的要求,财政对"三农"投入的重点也由过去直接支持农产品生产经营向支持农田水利基础设施建设、农业科技创新和推广、农业公共服务等体现公共财政性质的方面转变。一是加强粮食等重要农产品生产基地建设。国家从1983年开始实施商品粮基地建设项目,2004年以后又陆续启动实施优质粮食产业工程、新增千亿斤粮食生产能力田间工程等项目,累计改造高标准农田5 000多万亩,在全国建设了一批稳产高产的粮食生产基地。2007年以来,又相继启动实施生猪标准化规模养殖小区和奶牛标准化规模养殖小区(场)建设项目,在全国扶持建设了近5万个生猪和奶牛标准化养殖设施,显著提升了畜产品生产保障能力。二是持续开展农田水利基础设施建设。1988年国务院决定设立"国家土地开发建设基金"(后改为国家农业综合开发专项资金),重点开展"田、土、水、路、林、山"的综合治理,打造功能齐全、长效管护的农田水利工程体系。1988—2017年农业综合开发共投入资金9 211.26亿元,其中,中央财政累计投资3 827.1亿元,70%以上用于改善农业生产条件,累计改造中低产田、建设高标准农田7.98亿亩,农业抵御自然灾害的能力显著增强。三是改革和强化农业科技创新和推广体系。在农业科技投入方面,通过改革逐步明确了农业科技投入

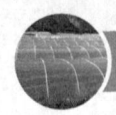

的公益性、基础性、社会性定位。2014年的中央一号文件明确提出，农业科技具有显著的公共性、基础性、社会性，政府要在农业科技投入上发挥主导作用，要大幅度增加农业科技投入，建立投入稳定增长的长效机制，同时提出，农业科技投入要瞄准农业重大关键技术和共性技术，切实解决科技与经济脱节问题。对基层农技推广服务，也明确提出要坚持公益性定位，进一步加强基层农技推广机构、改善工作条件、落实工作经费。四是加强农业公共服务体系建设。在强化各级政府投入责任的同时，中央陆续实施了基层农业实用技术推广服务网络工程、"金农工程"、农业标准化生产示范基地创建、农业执法服务基础设施工程等一批重大工程项目，促进了基层农业公共服务体系的队伍建设和能力提升。五是加大对主产区的利益补偿。为进一步调动地方政府积极性，缓解农业大县财政困难，国家通过财政转移支付的方式，实施产粮（油）大县奖励政策和生猪（牛羊）调出大县奖励政策，不断加大对主产区的财政投入。2016年，中央财政安排的产粮（油）大县奖励资金高达到393亿元。

三、改革创新农业投融资方式

长期以来，国家财政投入是农业投资的主要来源，投资的方式也以直接投资为主。随着现代农业加快发展，金融信贷、社会投资越来越成为农业投融资的重要组成部分，国家也在不断探索完善农业投融资机制。为充分发挥财政资金的引导作用，农业综合开发资金逐步形成了"国家引导、配套投入、民办公助、滚动开发"的投入机制，中央财政累计投入农业综合开发资金3 827.1亿元，带动地方各级财政部门配套投入2 264.75亿元，银行贷款、农民筹资投劳及其他资金投入3 119.41亿元，有力地带动了各类资金投入。党的十八大以来，针对农业投入"小散乱"、资金效率不高等突出问题，国家进一步深化了农业投融资领域的改革。一是整合优化财政涉农项目。在农田水利建设领域，中央决定将原分散在国家发改委、财政部、原国土资源部和水利部的千亿斤粮食项目田间工程建设、农业综合开发、土地整治、农田水利建设等农田建设投资和项目管理的职责划入农业农村部，实现了涉农资金的大整合。在扶贫资金和现代农业产业发展资金方面，对"小而散"的项目投资全面实行切块下达，整合归并性质相同、内容相似的专项资金，清理取消不适应改革要求的项目，引导资金优先投向关键领域。二是强化财政资金撬动的作用。出台农林水利领域政府与社会资本合作的指导意见，鼓励和引导社会力量参与项目建设。完善财政项目的资金分配方式，对确属中央农业事权、需要地方农业部门及其他非预算单位配合完成的事项，通过政府购买服务或委托的方式安排任务，择优确定承担单位。三是提高农业投入绩效。把绩效管理作为深入推进项目整合、完善资金监管的有效手段，推行评价结果与资金安排挂钩，逐步构建全过程绩效管理和激励约束机制。

第五章
深化农村税费制度改革

在农村税费改革前,农民不仅要承担各种农业税收负担,还要承担在靠农业、农村税收不足以支撑政府应当向农民提供公共服务的条件下而向农民征收的各种名目繁多的"费",如"三提五统""两工"和各种行政事业性收费、政府基金或集资,更为严重的是农民还要承担乱收费、乱集资和乱罚款等负担。为了解决这个问题,国家在2000年开始启动农村税费改革试点,到2006年在全国范围内取消了包括农业税在内的大部分税费。更重要的是,以农村税费改革为契机和突破口,深入推进了以乡镇机构、农村义务教育和县乡财政管理体制改革为主要内容的农村综合改革,逐步确立了建立覆盖城乡的公共财政制度的政策取向,为农业农村发展提供了强大的政策推动力。

一、减轻农民负担

1985年,国务院发出了《关于制止向农民乱派款、乱收费的通知》,并从1990年开始连续3年出台了规范和减轻农民负担的有关文件，1998年又做出了"合理负担坚持定项限额，保持相对稳定，一定三年不变"的具体规定。这些措施取得了一定的成效，但加重农民负担的机制和动力并没有消除。为了彻底解决农民负担问题，中央在2000年做出了改革农村税费制度的决定，第一步就是正税清费。主要内容可以概括为"三个取消、两个调整和一项改革"：取消乡统筹、农村教育集资等专门面向农民征收的行政事业性收费和政府性基金、集资，取消屠宰税，取消统一规定的劳动积累工和义务工；调整农业税和农业特产税政策；改革村提留征收使用办法，逐步取消了专门面向农民征收的各种费用。

二、全面取消农业税

自2000年在安徽省开展农村税费改革试点以来，经过规费为税、改革征收管理办法，逐步降低农业税税率，到2006年在全国范围内全面取消了包括农业税、牧业税、屠宰税、农业特产税和乡村办学、乡村道路建设、拥军优抚、计划生育、民兵训练以及公积金、公益金、管理费3类12种向农民征收的税费。全面取消农业税后，与农村税费改革前的1999年相比，农民每年减负总额约1 335亿元，人均减负140元左右，8亿农民得到实惠。

在全面取消农业税的同时，国家深入推进以乡镇机构、农村义务教育和县乡财政管理体制改革为主要内容的农村综合改革，划分和理顺县乡事权与财权，建立完善县级基本财力保障机制，加大对乡镇财政转移支付力度，积极推进"省直管县"财政管理体制和"乡财乡用县监管"财政管理方式改革，增强县乡政府对公共服务的保障能力，提高财政资金的使

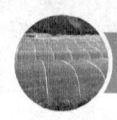

农业支持保护政策

用效率。经过一系列改革，基本保障了县乡两级政府和村级组织的正常运转，保障了农村义务教育等公共服务支出的正常需要。

三、逐步加大涉农税收优惠

在取消农业税费的同时，税收优惠政策在农业支持保护中的作用也进一步增强。一是对农业生产者实行税收优惠。国家对农业生产者销售的自产农产品免征增值税，对农民专业合作社销售农业产品和向本社成员销售农资免征增值税，对捕捞和养殖渔船免征车船税，对农用三轮车免征车辆购置税，进一步减轻了农业生产者的税收负担。二是对涉农企业实行税收优惠。国家陆续出台了对乡镇企业定期免征和减征所得税、对饲料加工企业免征增值税和减半征收所得税、对农资企业免征增值税、对农产品加工实行13%的增值税优惠、对企业从事农林牧渔业项目的所得实行免征、减征所得税等优惠政策。三是对金融机构开展涉农业务实行税收优惠。对金融机构开展农户小额贷款取得的利息收入、保险公司开展涉农保险业务取得的保费收入，在计算应纳所得额时，按90%计入收入总额。对于金融企业涉农贷款计提的贷款损失准备金，准予在计算应纳税所得额时扣除。

农村税费制度改革取消了专门针对农业、农民设置的税种，基本堵死了向农民搭便车收费的渠道，使国家、集体与农民分配关系发生根本性变化，也确立了建立覆盖城乡的公共财政制度的政策取向。农村税费改革后，国家加大了对农村义务教育、公共卫生、基础设施建设等方面的投入，基层政府的主要职能也由收取税费转变为更多地提供社会管理和公共

第五章 深化农村税费制度改革

服务,向为各类市场主体提供良好的政策环境转变。正是在农村税费改革的基础上,农业支持保护政策才真正实现了从"取"到"予"的根本性转变,为调整工农城乡关系奠定了坚实的基础。

第六章
建立城乡平等的就业制度

一、逐步放开城乡劳动力市场

改革前,农村劳动力在城乡之间和地区之间的自由流动受到严格限制,城乡之间的劳动力流动基本陷于停滞状态。作为最重要的生产要素,劳动力市场的放开经历了一个较为漫长和曲折的过程。1979—1983年是"限制流动",对农村剩余劳动力,主要通过发展多种经营和兴办社队企业,就地适当安置,不使其涌入城镇。1984—1988年是"允许流动",随着城市建设发展和乡镇企业的异军突起,劳动力需求迅速增加,国家采取积极的政策措施鼓励农村劳动力流动,城乡隔绝的劳动力市场开始正式松动。1989—1991年是"控制盲目流动",随着城市劳动力市场的就业形势恶化,大量的农民工被清退,出现了已经转入城市的农民工向农村的逆向流动现象。国家在这一时期加强了对农村劳动力流动的限制,要求严格控制当地民工盲目外出。1992—2000年是"引导有序流动"阶段,在城乡差距和地区差距不断扩大的趋势下，大规模的"民工潮"开始出现，这一时期，国家采取了实施农村劳动力开发就业、规范农村劳动力有序流动、允许在小城镇落户、开展农村劳动力培训和改善服务等政策措施，积极引导农村劳动力有序流动。2001年以来是"公平对待流动"阶段，随着城乡管理体制的不断改革，农民进城务工对城市社会经济发展的贡献作用逐步得到社会的承认，社会各方面对进城务工农民的思想观念和态度也发生了变化。一是取缔各种不合理收费，暂住费、暂住（流动）人口管理费、计划生育管理费、城市增容费、劳动力调节费等针对劳动力流动的不合理费用逐步被清理取消；二是加强培训工作，国家出台了《农业部、劳动保障部、教育部、科技部、建设部、财政部2003—2010年全国农民工培训规划》（国办发〔2003〕79号），由中央和地方财政安排专项经费，用于农民工的培训工作；三是公平对待劳动力流动，按照"公平对待、合理引导、完善管理、搞好服务"的十六字方针，开始着手全面解决拖欠和克扣农民工工资、改善农民工的生产生活条件、安排农民工子女就业、加强对农民工的管理等问题。随着这些政策措施的落实和完善，城乡劳动力平等就业的环境逐步形成。

二、畅通城乡人才流动渠道

适应乡村振兴的新要求和人才返乡下乡的新形势，2018年的中央一号文件专门用一部分部署农村人才工作，除要求大力培育新型职业农民外，还强调要加强农村专业人才队伍建设，发挥科技人才支撑作用，鼓励社会各界投身乡村建设。文件特别强调，要畅通智力、技术、管理下乡通道，造就更多乡土人才，聚天下人才而用之。为此，明确提出了一系列放活城

农业支持保护政策

乡人才流动的政策措施：全面建立职业农民制度，支持新型职业农民通过弹性学制参加中高等农业职业教育，支持农民专业合作社、专业技术协会、龙头企业等主体承担培训；全面建立高等院校、科研院所等事业单位专业技术人员到乡村和企业挂职、兼职和离岗创新创业制度，健全种业等领域科研人员以知识产权明晰为基础、以知识价值为导向的分配政策，探索公益性和经营性农技推广融合发展机制；研究制定管理办法，允许符合要求的公职人员回乡任职，等等。这一系列政策措施，有助于畅通智力、技术、管理下乡通道，在造就更多乡土人才的同时，鼓励各类人才返乡下乡创业创新，为乡村带来新动能、注入新活力。

第七章
以绿色生态为导向的农业补贴制度

20世纪90年代后期，随着农产品供求关系发生重大变化，国家在不断调整完善价格支持政策和粮食收储制度的同时，也逐渐把直接补贴作为财政支农的重要手段，补贴逐步从流通环节转向对生产者的直接补贴。特别是进入新世纪以来，随着国家财力增强和城乡关系的转变，国家连续出台了一系列补贴政策，农业补贴的领域大为拓展，补贴手段日趋丰富，而且逐年增加补贴资金规模，补贴政策已经成为我国农业支持保护政策的重要组成部分。但是，在农业补贴数量和资金规模快速增加后，补贴政策框架缺乏系统安排、政策目标相互掣肘、补贴结构不尽合理、操作方式不够完善、与WTO规则衔接不足等问题也日益突显，进一步深化补贴制度改革的要求更为迫切。党的十八大以来，中央着眼于推进农业供给侧结构性改革，推动农业高质量发展，对农业补贴制度进行了一系列重大改革，推动农业补贴政策取得了新的发展。

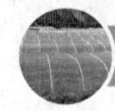农业支持保护政策

一、构建了农民收入补贴制度

2002年以来,中央实施了3项针对种粮农民的直接补贴政策,即良种推广补贴、种粮农民直接补贴和农资综合补贴。补贴着眼于稳定农民种粮收益、提高农民种粮积极性,是从过去以价格支持形式"暗补"转向对农民收入"直补"的尝试。良种补贴政策从2002年开始实施,主要是由国家财政对农民购买使用良种进行补贴,鼓励良种的推广应用。种粮农民直接补贴从2004年开始实施,补贴以粮食主产区为重点,对从事粮食生产的农民按照种粮面积给予补贴。农资综合补贴在2006年开始实施,对种粮农民因化肥、农药、农用柴油等农资价格上涨带来的损失进行补偿。"三项补贴"政策实施以来,资金规模不断扩大,到2015年达到1 415亿元,在国家"三农"投入中占据了重要地位。按照政策设计,"三项补贴"要求对从事粮食生产的农民按照种粮面积给予补贴,但实际执行过程中,由于核定面积的行政成本高昂,"三项补贴"逐步演变为按承包地计税面积发放,不论是否种粮均可获得补贴,逐步演变成对农民的一种收入支持政策。

为了解决"三项补贴"政策指向性和针对性的问题,提高补贴效能,更好地适应WTO规则要求,从2014年起,国家逐步展开了对直接补贴制度的改革探索。一是实行"三补合一"改革。在先期试点的基础上,2016年起,中央决定全面推开"三补合一"改革,将种粮直补、农资综合补贴、良种补贴合并为"农业支持保护补贴",政策目标调整为支持耕地地力保护和粮食适度规模经营。"三补合一"改革后,这部分补贴资金不再与农民实际种粮面积挂钩,实际上转变为对农民收入

的一种支持。二是实行棉花和大豆目标价格补贴。2014年取消新疆棉花、东北地区大豆临时收储后，国家为避免市场价格下行对农民收入带来冲击，同步启动实施了目标价格补贴，当市场价格低于预先确定的目标价格水平时，由中央财政向试点地区生产者提供差价补贴。这是对生产者实行精准有效补贴的一次大胆探索，经过一段时间的试点，新疆棉花目标价格制度得以完善并继续实行，东北和内蒙古大豆目标价格政策则进行了调整，改为实行生产者补贴。三是实行玉米生产者补贴。2016年，国家在取消玉米临时收储的同时，建立了玉米生产者补贴制度，对东三省和内蒙古东部玉米种植给予一定的财政补贴，中央财政补贴资金拨付到省区，由地方政府统筹将补贴资金兑付到生产者。

二、构建了农业生产性补贴政策体系

这类补贴政策着眼于保障国家粮食安全、提高农业质量效益和竞争力，对现代农业发展的关键领域和关键环节进行扶持。主要包括以下几类：一是农机购置补贴。为鼓励农民购买先进适用农机，从2004年开始，中央财政设立农机购置补贴，采取自主购机、县级结算、直补到卡（户）的补贴方式，补贴对象为直接从事农业生产的个人和农业生产经营组织。2017年，中央财政投入农机购置补贴资金186亿元，扶持159万农户购置机具187万台（套），全国28个省份已实现补贴范围内全部机具敞开补贴。二是农业科研与技术推广补助。主要包括农业高产创建资金、测土配方补助、科技入户技术补贴、小麦"三喷一防"补贴、农机作业补贴等内容。三是基础设施建设补助。在加大农田水利设施直接投资的同时，国家

农业支持保护政策

于2005年设立了小型农田水利设施建设补助专项资金，采取"民办公助"方式，通过以奖代补办法，支持农民进行农田水利设施建设，申请补助资金的对象包括农户、农民用水户协会或其他农民专业合作经济组织、村组集体。此后，为了集中资金投入、实现连片配套改造，从2009年起，又对这项政策进行了一定调整，在全国范围内开展小型农田水利重点县建设。到2013年，小型农田水利建设补助资金规模达到180亿元。四是农业结构调整资金。2015年起，国家选择牛羊养殖基础好、玉米种植面积较大的县开展粮改饲试点工作，中央财政补助资金主要用于对养殖主体和收贮主体收储青贮玉米的补助。2017年，粮改饲试点面积扩大到1 100多万亩，粮豆轮作补贴面积扩大到1 000万亩，有力地促进了农牧结合、种养循环。五是农业产业发展资金。2017年国家启动实施农村一二三产业融合发展支持政策，支持新型经营主体发展产地初加工、电子商务、休闲农业等农村一二三产业，通过"先建后补、以奖代补"方式，按已建项目总投资的一定比例给予一次性补贴。

三、构建了农业生态资源保护补贴制度

一是强化耕地、草原等主要生态系统补偿。主要包括退耕还林还草补助、草原生态保护补奖、耕地保护与质量提升补助、东北黑土地保护利用试点等政策内容。退耕还林工程从1998年起实施，国家对西部地区和其他生态环境脆弱地区25°以上水土流失严重的陡坡耕地，严重沙化耕地实施退耕还林工程，对退耕还林的农户给予现金补助和口粮补助。退牧还草工程从2003年开始实施，在生态退化草原地区退出重度退化草场、开展草场围栏建设。草原生态保护补助奖励政策从2011年

起实行，国家在主要草原牧区省区和新疆生产建设兵团全面建立草原生态保护补奖机制，包括实施禁牧补助、草畜平衡奖励、给予牧民生产性补贴和绩效考核奖励等内容。2016年，中央财政共安排草原生态保护补助奖励资金187.6亿元，覆盖草原38.15亿亩，有效调动了牧民保护草原生态的积极性。

二是探索农业资源环境突出问题治理的有效支持政策。党的十八大以来，农业面源污染治理和废弃物综合利用问题被摆上更加突出的位置，也推动了相关补贴政策的密集出台。中央财政连续支持河北省以黑龙港流域为重点开展地下水超采综合治理，控制地下水下降速率；以湖南省长株潭地区170万亩耕地为重点，支持开展重金属污染耕地综合治理；以生猪、奶牛、肉牛养殖大县为重点，全面启动51个县畜禽粪污资源化利用整县试点，推动规模化养殖场粪污就地就近资源化利用；以东北地区和京津冀等9个省为重点，集中开展农作物秸秆综合利用试点，整县推动农作物秸秆以农用为主的综合利用；在内蒙古、甘肃、新疆选择100个重点县推行地膜清洁生产，探索建立多种方式的残膜回收利用机制；支持100个县实施果菜茶有机肥替代化肥行动，支持农作物病虫害社会化服务，推动减少化肥农药使用的现象。

三是强化对农业绿色发展的政策扶持。这类政策主要包括深松整地作业补贴、轮作休耕试点、东北黑土地保护和利用试点、改革渔业油价补贴用于支持资源保护等。其中，轮作休耕试点工作自2016年起实施，重点在东北冷凉区和北方农牧交错区实行轮作试点，在河北地下水漏斗区、湖南重金属污染区、西南西北生态严重退化区实施休耕试点，促进耕地休养生息。2018年，轮作休耕补贴资金达到50亿元，面积拟扩大到

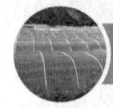

2 400万亩。

四、构建了农业防灾减灾保障制度

这类政策主要包括农业生产救灾补助、重大疫病防疫补助、政策性农业保险保费补贴等内容。农业生产救灾补助是对农民受灾后进行一定额度的补助，用于重建和开展生产自救等。每年的支出数额视灾害发生严重程度而定。重大疫病防疫补助是2003年禽流感疫情发生后，为了加强动物疫病防治而出台的专项补助政策，资金主要用于免费为农民进行疫病防治和畜禽宰杀的补助。政策性农业保险补贴则是为了鼓励各地发展农业政策性保险而设立的专项资金，主要用于农民的保费补贴，2017年，中央财政用于政策性农业保险的财政补贴金额增加到179亿元，政策性农业保险已经成为农业补贴的核心内容，也是今后补贴制度改革的长期方向。

第八章
创新农村金融保险政策

改革开放以来，农村金融资源的配置逐步由计划手段向市场化手段转变，以增加金融供给来满足日益增长的农村金融需求成为农村金融改革的主要任务。在这个过程中，国家先后出台一系列扶持农村金融保险发展的政策措施，支持农村金融组织创新、产品创新和服务创新，推动了多层次、广覆盖、可持续的农村金融服务体系的形成。

一、完善农村金融组织体系

1979年以来国家陆续恢复和建立了中国农业银行、农村信用社、中国农业发展银行等农村金融机构。1996年，国务院出台了《国务院关于农村金融体制改革的决定》（国发〔1996〕33号），初步确立了政策性、商业性、合作性"三元"农村金融供给格局。为了解决农村金融供给乏力的问题，推动农村金融组织和服务下沉农业农村，2005年以来，

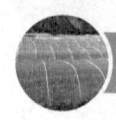
农业支持保护政策

国家先后出台一系列政策措施,开展小额贷款公司、村镇银行、资金互助社等新型农村金融机构试点,推进中国农业银行和邮储银行"三农"金融事业部改革,深化农村信用社改革,扩大农民合作社内部信用合作试点,探索新型农村合作金融发展有效途径等,推动了农村金融供给的增加。

二、创新农村金融产品和服务

在强化农村金融组织供给的同时,改革更加强调发挥政策引导作用,通过政策引导和激励金融机构创新金融产品和服务,最大化地激发农村金融市场活力。实行涉农贷款增量奖励,财政部门对县域金融机构当年涉农贷款平均余额同比增长超过15%的部分,按2%的比例给予奖励,奖励资金由中央和地方财政分担。实行税收优惠政策,降低金融机构、融资担保机构涉农涉小业务经营成本。对涉农融资担保取得的担保费收入及再担保费收入免征增值税,对金融机构涉农小额贷款取得的利息收入免征增值税等。实行差别化考核,将服务"三农"纳入金融机构绩效评价体系,对发放涉农贷款超过一定比例的金融机构给予适当加分,激发金融机构服务"三农"的内生动力。在政策引导下,各地积极推动涉农金融产品和服务创新,陆续开展了粮食生产规模经营主体营销贷款、农村承包土地经营权抵押贷款、农业产业链贷款等业务试点,改进新型农业经营主体金融服务,支持国家开发银行、农业发展银行等政策性银行加大农业基础设施信贷投入,支持中国农业银行和邮储银行等商业性银行加大农村金融支持。同时,以"三补合一"改革为契机，推动建立健全了全国农业信贷担保体系，努力解决农业"融资难、融资贵"的问题。

三、创新农业保险产品和服务

2007年国家建立了政策性农业保险政策，政策的主要特征是以保费补贴的方式进行政府引导，由商业保险公司进行市场运作，农民自主自愿参与，各级涉农部门协同推进。从保险类型看，政策性农业保险在发展之初采取了"中央保大宗、地方保特色""低保障、广覆盖"的模式，对种植业、养殖业因遭受自然灾害和意外事故造成的经济损失提供直接物化成本保险。此后又陆续开展了蔬菜、糖料蔗等农产品目标价格保险试点、农民收入保险试点、"保险+期货"试点等探索。在政策扶持下，我国政策性农业保险取得了长足发展，2007—2017年，政策性农业保险的财政补贴金额从20.2亿元增加到179亿元，提供的风险保障从1 126亿元增加到2.3万亿元，保费收入从51.8亿元增长到超过470亿元；参保农户超过2亿户次，承保面积达到17.2亿亩。目前，农业保险已经覆盖所有省份，为190多种农作物提供保险，三大主粮承保面积覆盖率超过70%，有力地支撑了"谷物基本自给，口粮绝对安全"的粮食安全战略。随着政策性农业保险不断发展完善，实践中也逐步暴露出保障水平较低、农户参保积极性减弱、保险公司从保费补贴中积累资金较多、农户与保险公司道德风险控制较难等问题。为了更好地发挥财政资金杠杆作用，提高规模经营户防范和应对灾害的能力，2017年4月国家又启动实施大灾保险试

农业支持保护政策

点，在面向全体农户基本险的基础上，推出保险金额覆盖直接物化成本和地租、面向适度规模经营农户的大灾保险产品，中央财政对中西部和东部试点县的保费补贴比例分别提高到47.5%和45%。

第九章
农业支持保护制度化法制化

一、逐步形成完备的农业法律法规体系

党的十一届三中全会开启了我国社会主义法制建设的新征程,农业法治建设也全面启动,进入了快车道。从1979年到2012年这一时期,农业法治建设主要是围绕农村改革,确立以家庭联产承包为基础的、统分结合的双层经营体制,加强农业基础设施建设,推进科教兴农战略,促进农村社会事业发展,把国家对农业和农村的宏观管理纳入法制轨道。1993年全国人大常委会制定了《中华人民共和国农业法》,2002年、2012年进行了修订,农业法成为规范农业农村经济社会发展的基础性法律。2005年全国人大常委会决定废止农业税,终结了我国沿袭2 000多年的土地赋税制度。此外,农业技术推广法、乡镇企业法、动物防疫法、草原法、渔业法、种子法、农业机械化促进法、畜牧法、农民专业合作社法、农产品质量安全法等"三农"领域中基础性的、支架性的法律法规都制定了出来。至此,以农业法为核心,涵盖了农业基本法、农业基本

农业支持保护政策

经营制度、农业生产资料管理、农业资源环境保护、农业产业发展、农业支持保护、农业产业和生产安全、农产品质量安全等主要内容的农业法律法规体系基本形成，农业和农村改革发展总体实现了有法可依。

党的十八大以来，农业农村经济转型升级、农村社会结构深刻变动、农村利益格局深刻调整、农民思想观念深刻变化，农业农村进入了依法治理的新阶段，农业法治建设在查漏补缺、填补立法空白的同时，及时修改完善涉及农业农村重要改革事项和"放管服"改革要求的法律法规，进一步提高立法质量，以形成更加完备的农业法律法规体系为目标，促进农业领域国家治理体系和治理能力现代化。2014年召开的党的十八届四中全会专门强调，"制定和完善农业方面法律法规"。这一时期，全国人大常委会、国务院对《中华人民共和国种子法》《中华人民共和国农民合作社法》《中华人民共和国野生动物保护法》《中华人民共和国农药管理条例》等法律法规进行了全面修订，并对大量农业法律法规的个别条款进行了修改完善。同时，为贯彻落实党的十九大精神，为实施乡村振兴战略提供法律支持，党中央、全国人大常委会、国务院对进一步加强农业立法提出了新的要求，中国共产党农村工作条例、乡村振兴法、农村金融法、粮食安全保障法、土地管理法（修订）、农村土地承包法（修订）、农村集体经济组织法、土壤污染防治法等党内法规、法律的制修订工作被提上了议事日程，这些重要立法项目的推进、落实，对进一步完善农业法律法规体系，提高农业农村工作法治化水平具有重大意义。

第九章　农业支持保护制度化法制化

二、现行法律法规为"三农"发挥了重要作用

截至目前，农业农村领域共有现行有效法律15部、行政法规29部、部门规章148部，这些法律为推动、引领和规范"三农"工作提供了根本性制度保障，在促进现代农业发展、保障农村和谐稳定和维护农民权益等方面发挥了重要作用。

（一）将中央强农惠农富农政策法定化，巩固了农业基础地位

《中华人民共和国农业法》专设"农业投入与支持保护"一章，明确"中央和县级以上地方财政每年对农业总投入的增长幅度应当高于其财政经常性收入的增长幅度"，在保障"三农"投入方面功不可没。《中华人民共和国草原法》《中华人民共和国农民专业合作社法》《中华人民共和国动物防疫法》《畜禽规模养殖污染防治条例》《中华人民共和国种子法》等多部法律法规也都专章规定了扶持和保障措施。《中华人民共和国农机化促进法》将农机购置补贴法定化，推动我国农作物耕种收综合机械化水平迅速提升。《中华人民共和国农业技术推广法》确立了国家农业技术推广机构的公益性定位，明确了农技人员的结构和比例，建立了农技推广资金稳定增长机制，对依法治农、科教兴农都产生了重大而深远的影响。

（二）稳定和完善了农村基本经营制度，给农民吃上法律"定心丸"

《中华人民共和国农村土地承包法》确认了以家庭承包经营为基础、统分结合的双层经营体制，赋予了农民长期而有

保障的土地使用权,在很大程度上解决了频繁调地的问题。《中华人民共和国农村土地承包经营纠纷调解仲裁法》将仲裁制度引入农村土地承包经营纠纷处理,是完善我国农地制度的一项重大举措,对维护农村社会和谐稳定发挥了重要作用。

(三)规范了农业生产经营秩序,保障了现代农业发展

对农业投入品和农产品生产经营进行了全面、全程规范,建立了必要的事前审批和事中事后监管制度,明确了生产经营者的权利义务,在保障粮食安全、农产品质量安全和农业生态安全方面发挥了重要作用。如《农药管理条例》对农药管理体制进行了重大调整,在农药登记、生产、经营、使用各环节全面严格管理,强化了主体责任和处罚力度,为做好新时期农药监管工作提供了有力法律保障。

(四)赋予了农业部门必要管理手段,为履行职责提供了有力保障

《中华人民共和国农产品质量安全法》赋予了农业部门管理农产品质量安全的手段。《中华人民共和国农民专业合作社法》将农业部门明确为农民专业合作社的主要指导部门。《农业保险条例》规定了农业部门负责农业保险推进、管理相关工作的职责。《畜禽规模养殖污染防治条例》规定了农牧部门负责畜禽养殖废弃物综合利用指导和服务的职责。《中华人民共和国野生动物保护法》《农药管理条例》等明确要求相关工作经费由财政保障。

(五)加大了执法力度,有效化解了农业领域矛盾纠纷

多年来,农业部门坚定不移持续推进农业执法体制改革,以农业投入品和农产品质量安全为重点,将法律法规赋

第九章　农业支持保护制度化法制化

予农业部门的行政处罚权统一由农业综合执法机构实施。目前，全国已有30个省区市开展了农业综合执法工作，共成立了2 458个县级、286个市级农业综合执法机构，县级覆盖率达到99%，市级覆盖率超过80%。农业综合执法的推进，理顺了执法体制，整合了执法力量，加大了执法力度，变季节性、运动式执法为经常性、主动式执法，各级农业综合执法机构每年查办违法案件3万多件，调处涉农纠纷1.3万多起，挽回经济损失近10亿元，在保障国家粮食安全和农产品质量安全方面发挥了重要作用。

第十章 不断完善农业支持保护政策体系

一、加快建立新型农业支持保护政策体系

当前和今后一个时期,农业支持保护政策要以提升农业质量效益和竞争力为目标,强化绿色生态导向,创新完善政策工具和手段,扩大"绿箱"政策实施范围和规模,加快建立新型农业支持保护政策体系,为乡村振兴提供有力支撑。

(一)深化农产品价格形成机制改革和收储制度改革

充分发挥市场在资源配置中的决定性作用,通过价格来引导生产、调节供求、调控进口。不断深化农产品收储制度和价格形成机制改革,在确保国家粮食安全的基础上,坚持"市场定价、价补分离"的大方向,更好地发挥补贴政策对农业生产结构调整的导向作用,确保种粮农民的基本收益有保障。进一步完善稻谷、小麦最低收购价政策,增强政策灵活性和弹性,合理调整最低收购价水平,使小麦和稻谷的价格逐步向市场靠拢。

第十章 不断完善农业支持保护政策体系

（二）完善以绿色生态为导向的农业补贴制度

将农业补贴作为推进农业绿色发展的"指挥棒"，引导和激励生产者加快转变发展方式。重点在完善耕地地力保护补贴、草原和渔业等生态系统修复补偿、农业资源和废弃物利用补贴、绿色金融激励制度等方面开展政策创设，加快建立有利于农业绿色发展的补贴政策体系。

（三）创新完善财政投入保障机制

围绕实施乡村振兴战略确定的重大任务，合理确定政府支持保护的重点，明确中央和地方的支出责任，形成农业农村投入合力的局面。努力拓宽资金筹集渠道，调整完善土地出让收入使用范围，进一步提高农业农村投入比例。建立高标准农田建设等新增耕地指标和城乡建设用地增减挂钩节余指标跨省域调剂机制，将所得收益通过支出预算全部用于巩固脱贫攻坚成果和支持实施乡村振兴战略。

（四）建立健全约束激励并重的金融支农政策

发挥财政资金的引导和杠杆作用，统筹运用信贷、保险、基金等多种工具，通过政府与社会资本合作、政府购买服务、担保贴息、以奖代补、风险补偿等措施，带动金融和社会资本投向农业农村。切实发挥全国农业信贷担保体系作用，加快建立覆盖主要农业县的农业信贷担保服务网络，全面开展以适度规模经营新型经营主体为重点的信贷担保服务。加快发展农业保险，探索开展稻谷、小麦、玉米等粮食作物完全成本保险和收入保险试点。在畜禽粪污资源化利用、农作物秸秆综合利用等领域积极探索推广政府与社会资本合作示范模式。

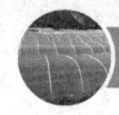

(五)完善农业农村优先发展的法律保障

围绕实施乡村振兴战略,把强化财政支农责任、优先保证农业领域支出等农业农村优先发展的举措作为《乡村振兴促进法》的重要立法内容,为农业支持保护提供制度保障。推进粮食安全保障立法,将提高粮食生产能力作为粮食安全保障立法的重要内容,把"藏粮于地、藏粮于技"的主要措施法制化。建立乡村振兴实绩考核制度,争取将财政对农业投入力度、耕地保护情况和农民收入增速作为考核指标。在推动重要政策安排制度化的基础上,逐步将农业投入、农业补贴、农业保险等领域成熟的政策措施上升为法律。

二、完善农业支持保护制度的现实依据

中国实施农业支持保护制度是发展阶段的必然,除此之外,从完善农业支持保护制度来看,还有两点原因具有明显的中国特色。

第一,完善农业支持保护制度为实现四化同步发展提供必要的时空迂回。2016年中国农村人口6亿人,占总人口比例43%,人均GDP为8 123美元,农业GDP占比8.6%。按照"两个一百年"奋斗目标,到建成社会主义现代化强国仍然需要30多年的时间。根据世界银行公布数据,2016年日本农村人口770万,占总人口比例6%,人均GDP为3.9万美元,农业GDP占比1%;韩国农村人口890万,占总人口比例17%,人均GDP为2.7万美元,农业GDP占比2%。在这一过程中,有必要维持农村社会的相对稳定与平滑过渡,对照日韩与中国目前发展阶段的差异,未来15~30年内,仍然有大量的农村人口进入城镇,除了城市需要提供必要的就业与公共服务之外,仍然需要

第十章　不断完善农业支持保护政策体系

维持一个相对稳定的农业生产环境。目前，在小农户面对大市场的基本格局之下，如果缺乏必要的农业支持保护制度，小农生计农业形态将会快速裂解，由此带来更高的社会成本。

2016年中国农村人均可支配收入为12 363元，其中经营性收入为4 741元，占比38%。总体来看，一方面，随着经济社会的进一步发展，在农村人均收入构成中，经营性收入占比将进一步下降；另一方面，目前全国承包耕地流转面积达到4.6亿亩，超过承包耕地总面积的1/3。按照全国农村人均经营性收入4 741元来计，目前的整体农业生产形态仍然停留在小农生产阶段，而全国承包流转的土地规模快速增长，说明农业规模经营已经初具雏形。对照两组数据，不难得出：中国农业生产经营形态正从传统的生计小农模式转向现代商业模式。在此过程中，同时存在大量的小农与现代农场，形成明显的主体分化。这意味着传统小农在未来一段时间内仍将存在并随时如冰山一样裂解分化，在农村社会保障水平较低的状况下，农业支持保护制度将为农业生产经营形态的跃迁提供一定的保障，为实现"四化同步"发展提供必要的时空迂回。

第二，推动农业现代化的可持续发展需要农业支持保护制度提供风险屏障。自家庭联产承包责任制实施以来，实现了农业生产中劳动投入的有效激励，并未解决土地与资本投入的有效激励（必要集聚与有效积累），意即农户往往不会对农业生产要素进行必要投入。以农业基础设施建设为例：一方面缺乏必要的规模集聚，土地细碎化不利于基础设施的改良；另一方面缺乏稳定的预期，使得改善农业基础设施的有效激励不足。所以，在过去很长时间内，中国农业的基础设施投入基本上依赖于外生的政府投入，农业生产者甚至不会支付管护费用。2016年,中国耕地灌溉面积为6 700万公顷,占1.34亿公顷耕地的一半,从绝对数量上,灌溉面积和比例都不低,但是相对于农业现代化的要求仍然有较大差距。

推动农业现代化的一项重要指征是促进农业生产要素的必要集聚与有效积累。就要素层面而言,仍以农业基础设施建设为例,政府投入是解决问题的一个方面,更为重要的是,推动农业现代化的可持续发展,在机制上有赖于生产经营主体的内生激励。针对这一情况,党的十九大提出"保持土地承包关系稳定并长久不变,第二轮土地承包到期后再延长三十年",这解决了农业现代化过程中农业基础设施投入的稳定预期问题,为要素集聚提供了有力保障。2016年全国三种粮食平均的亩均净利润为-80元,收益率为-7%,从要素积累角度,这一收益水平很难对现有要素投入形成有效激励,因此需要采取必要的农业支持保护措施,形成要素投入的正向激励,有效促进农业生产要素的必要集聚与有效积累,推动农业现代化的可持续发展。

三、完善农业支持保护制度的必要性

农业支持保护制度由于实施时间不长,在面对国内复杂的农业生产形势与多目标决策的条件下,现行制度体系显示出了不适应性,需要进一步完善农业支持保护制度。

第一,政策目标的单一与工具手段的单一导致资源配置效率下降。目前来看,农业支持保护制度除了农业支持保护补贴之外,主要以挂钩方式进行的价格支持措施,包括:水稻、小麦的最低收购价,玉米的生产者补贴,大豆、棉花的目标价格。以玉米为例,2016年玉米临储库存达2.5亿吨,按程国强报告的计算，2.5亿吨玉米需要付出的库存成本费用为630亿元。除此之外，由于玉米临储形成的价差导致大量的替代品，如高粱、大麦进口猛增，形成"高产量、高进口、高库存"三量齐增的局面。因此，2016年玉米临时收储政策被生产者补贴政策取代，玉米价格迅速回归，一段时间以来的市场扭曲被熨平，2016年玉米产量下降了2.3%，2017年玉米产量将在之前基础上进一步调减，市场进入"三量齐减"的局面。传统的价格支持手段不仅扭曲了市场，而且由于政策托底形成的刚性市场预期，也不利于更好地发挥政府的作用，使得在农业生产的资源配置效率下降。

第二，规模农业生产经营主体没有得到有效支持与保护。传统意义上，小农经营的生计农业如果获得了生产者补贴，将等同于获得财政转移支付，在一定程度上化解生产经营风险，有助于农业竞争力的提高。如前所述，全国土地流转面积已经覆盖了1/3的承包地，对于流转土地从事农业生产经营的主体来说，现行农业支持保护措施等同于将财政转移支付以土地租金的形式析出给土地承包人，在一定程度上形成了承包人对经营主体的"剥削"。理论上，农业支持保护措施应当以绿色生态为导向，用于支持耕地地力保护和粮食适度规模经营，促进农业生产力的提升；实践上，由于大规模的土地流转形成了支持保护措施的异化，政策的精准性受到影响。现行农业支持保护措施更多地保护了生计农业，但是缺乏对商品农业生产的有效支持。更为关键的是，未来中国农业商品性生产经营主体都将以规模经营为主，在三权分置条件下的规模经营势必通过土地流转获得，这就意味着规模经营主体并没有获得有效的农业支持保护，使得生产经营主体的行为"裸露"在保护

体制之外,妨碍了中国农业竞争力的提高。

第三,农业支持保护措施无法满足人民日益增长的美好生活需要。党的十九大报告指出"中国特色社会主义进入新时代,我国社会主要矛盾已经转化为人民日益增长的美好生活需要和不平衡不充分的发展之间的矛盾。"当前,从居民食品消费总量和结构来看,人均口粮消费在逐步下降,而城镇化将带动口粮消费的进一步下降;人均肉类消费的增长将带动饲(草)料消费进一步增长。可以判断的是,未来对农产品总量的需求仍将增长,食物消费的多元化将日趋明显。现行国家层面的农业支持保护措施覆盖的品种范围包括水稻、小麦、玉米、大豆、棉花,当然在有限财力条件下优先保障粮食安全、降低敏感产品市场风险无可厚非;从国家角度,在更广阔的范围内完善农业支持保护制度是实施乡村振兴战略,坚持农村农业优先发展,加快推进农业现代化的应有之义。中国幅员辽阔,物产丰富,为确保粮食安全采取对特定产品的挂钩补贴具有现实意义,为了满足人民日益增长的美好生活需要,有必要扩大农业支持保护制度的覆盖面。

农业支持保护制度在中国实践的时间不长,面对的问题也十分复杂,其初衷是在有限财政预算条件下尽可能地保障粮食安全,在全球粮食价格大幅波动的背景下,稳定国内粮食生产发挥了重要作用。由于全球大宗农产品价格持续低迷,国内农业供给侧结构性改革不断深入,农业支持保护制度的缺陷也逐渐显现。一是非对称价格支持机制扭曲了市场对资源的优化配置,也干扰了政府作用的发挥;二是农业支持保护制度带来的相关利益在土地流转背景下析出为地租,并未对规模农业的生产经营主体产生保护作用,阻碍了农业竞争力的提升;三是挂钩方式不仅容易触发WTO黄箱补贴的天花板，同时也不能满足人民日益增长的美好生活需要。基于现有的政策与市场实践，有必要进一步完善农业支持保护制度。

四、完善农业支持保护制度的中国方案

农业支持保护制度的设计初衷是保障粮食安全和农民利益，由于形势发展变化，有必要进行设计更新与完善。可以观察到的是，无论是大豆、棉花的目标价格与玉米的生产者补贴，都是积极的尝试，也取得了重要的经验，相对于农业生产实践，仍然有进一步完善的空间。其背景应当在满足人民日益增长的美好生活需要的条件下，实现农村产业兴旺，促进乡村振兴与农业现代化。具体而言，其政策目标应当进行必要的扩展：①确保国家粮食安全与生产者收益；②优化农业生产资源的有效配置，实现市场与政府两只手的有机衔接；③促进农业全要素生产力的全面提升，提高农业竞争力；④满足人民日益增长的美好生活需要。这几个目标之间是逻辑自洽的，不存在内在矛盾，为了多目标的同时实现，完善农业支持保护制度的关键之处在于提高政策的精准性，降低政策的执行成本，可从以下几个方面加以努力。

（一）加强农业基础数据采集、整理与共享

农业政策的精准性需要完备的信息机制，对于农业支持保护制度来说更是如此。美国农业政策的精准性来自长期数据积累的基础，中国扶贫攻坚的精准性也是得益于精准的基础数据采集。中国拥有1.3亿公顷土地，2亿多农业劳动力的庞大农业生产体系，基础数据的匮乏一直是影响农业政策与农产品市场作用发挥的掣肘。随着物联网、云计算、大数据为代表互

联网技术快速发展，加之政府对农村土地确权、农业补贴发放、扶贫攻坚等相关工作的开展，实际上，中国目前已经拥有了相当多的基础数据，由于数据来源和归属的不同，导致数据之间不能互联互通，无法整合，从而影响了数据质量与功能发挥。从政府工作的角度，应当着力破除部门之间的沟通障碍，加强各部门涉农数据的整合与共享，充分利用第三方的技术优势与信息资源，例如村淘、京东、邮政等，逐步建立完善覆盖农村的数据采集、整理与共享机制。

（二）以风险防控逐步取代政府托底

从农业支持保护制度来看，无论是最低收购价、临时收储的托市收购政策，还是最新的目标价格与生产者补贴，其设计思路都是建立政府托底的风险保障机制。这一机制的优点在于政策力度强，执行成本低。由于土地流转等一系列的现实问题，使得这一风险保障机制的福利转化为土地租金析出，并未起到保护真正的农业生产者的目的，有必要建立一套在风险管理基础上的支持保护制度，逐步以风险补偿的方式取代托底风险保障。由于风险机制的或有性（不确定性），使得风险收益不易在土地流转中析出，起到真正保护农业生产者的目的。同时风险防控取代政府托底，也使得政府的财政支付压力降低，有利于充分发挥财政资金的杠杆作用，大幅度提高财政资金效率，使得农业支持保护制度的扩大覆盖面成为可能。从美国农业法案的文本与实践两个维度来看，传统的价格支持手段已经废止，美国农业安全网主要得益于完备的风险防控体系，这一点值得中国借鉴。

（三）提高贸易便利性的同时加强边境管理措施

随着中国居民消费水平不断提高，多元化消费需求日趋明显，增加从国际市场的农产品与食品进口是不可避免的，考虑到农产品与食品的特征，有必要提高贸易的便利性，提高贸易效率。农业支持保护制度并不是简单地"奖出限入"，但是随着贸易全球化与农产品市场的一体化发展，国内农业支持保护制度的运行环境变得更加复杂。2016年之前对玉米采取临时收储政策时，除了玉米的替代品大量进口，下游的肉类及制品大规模走私；相应地，大米、食糖的走私也是屡禁不绝，对国内政策市封闭运行产生了一定的破坏作用。为此，提高贸易便利的同时加强边境管理措施，目的旨在规范市场运行，做到信息充分，市场透明，使得农业支持保护措施的运行环境得以优化。例如解禁美国谷饲牛肉进口就是一种"开前门堵后门"的手段。中国作为全球最大的农产品净进口国，对农产品贸易，特别是进口的管理必须做到规范有序，信息准确。

五、坚持完善农业支持保护政策体系

从改革经验看，完善农业支持保护政策体系要把握好以下几个方面：一是坚持"重中之重"和"优先发展"理念，强化农业支持保护的制度保障。在持续加大农业支持保护力度的同时，要进一步明确政府投入方向、投入方式和各级政府职责，规范农业投入决策程序，逐步将农业农村优先发展的理念和原则转化为具有较强稳定性和约束力的制度安排。二是坚持"把饭碗牢牢端在自己手上"，始终把保障国家粮食安全摆在农业支持保护的首要位置。农业支持保护政策面临粮食安全、农民增收、生态环境保护等多元目标，在不同发展阶段，这些政策目标的重要性并非一成不变，但保障国家粮食安全特别是口粮绝对安全，始终是农业支持保护政策改革的底

农业支持保护政策

线。为此,在政策工具的选择上也必须坚持底线思维,为稳定粮食生产、确保口粮绝对安全留够政策空间。三是坚持以保护农民利益为出发点和落脚点,切实调动农民参与乡村振兴的积极性。要依靠政策充分调动农民发展生产、参与乡村振兴的积极性,扶持壮大农民合作社、家庭农场等新型农业经营主体,激发农民自我发展壮大的能力;探索建立农民共享和合理分享现代农业产业发展的利益联结机制,把小农户引入现代农业发展轨道。四是坚持绿色发展理念,以支持保护政策引领农业发展方式深刻变革。牢固树立"绿水青山就是金山银山"的理念,加大绿色生产方式、生态环境和资源保护利用引导支持力度,促进农业发展、生态协调、环境改善相互融合与统一。五是坚持市场化改革方向,不断完善农业支持保护政策机制。充分发挥市场在资源配置中的决定性作用,政府重点强化政策引导、加强服务支持、创造良好市场环境,激发农村发展的内生活力。

下篇

政策与法规

第十一章
2019年农业生产发展项目实施方案

一、农业生产发展资金项目实施方案

中央财政农业生产发展资金主要用于对农民直接补贴，以及支持农业绿色发展、乡村产业发展、农业结构调整、新型经营主体培育等方面工作。具体实施方案如下。

（一）稳定实施直接补贴政策

1. 耕地地力保护补贴

继续按照《财政部、农业部关于全面推开农业"三项补贴"改革工作的通知》（财农〔2016〕26号）有关要求执行，保持政策的连续性、稳定性，确保广大农民直接受益。省级财政、农业农村部门要切实强化耕地地力保护补贴政策实施管理，进一步完善补贴方式，严格补贴发放程序，切实加强补贴监管，严肃依法查处虚报冒领、骗取套取、挤占挪用等行为，确保补贴及时足额发放到位。上年补贴结转资金要与当年资金一并安排使用。要指导督促基层部门及时逐级汇总上报耕地地力保护补贴发放具体情况（包括补贴对象、补贴依据、补贴标准、发放时间、发放方式、结转结余资金等），于每年8月31日前形成省域范围内完整补贴发放数据资料，以备待查。鼓励各省逐步将补贴发放与土地确权面积挂钩。对于土地流转、补贴由土地承包者领取的，各地要引导承包者相应减少土地流转费，真正让生产者受益。鼓励各地创新方式方法，以绿色生态为导向，探索将补贴发放与耕地保护责任落实挂钩的机制，引导农民自觉提升耕地地力。支持有条件的地区，结合黑土地保护利用、畜禽粪污资源化利用、农作物秸秆综合利用等政策统筹实施，多措并举提升耕地质量。

2. 农机购置补贴

政策框架和操作方式继续按照《农业部办公厅财政部办公厅2018—2020年农机购置补贴实施指导意见》（农办财〔2018〕13号）执行，对购买国内外农机产品一视同仁，最大限度发挥政策效益。紧紧围绕农业高质量发展、实施乡村振兴战略、农业机械化全程全面高质高效发展的新需求，科学确定补贴范围，优先保证粮食等主要农产品生产所需机具和助力脱贫攻坚、支持农业绿色发展机具的补贴需要，增加畜禽粪污资源化利用机具品目。着力提升政策实施便民、利民的水平，推进实现农机购置补贴辅助管理系统常年开放，全面实行企业参与购置补贴的机具信息网上报送，大力推广购机者通过手机APP等物联网技术申请补贴，落实补贴资金限时兑付制，进一步提升政策实施满意度。规范核验手续，强化补贴机具核验监管。及时公开机具资质信息，规范补贴机具投档流程，便利企业投送补贴机具信息。严惩违规行为，加强农业农村、财政等部门联合查处,全面实行企业一省违规、全国联动查处,让违规产销企业"一处失信、处处受限"。

推进补贴资金使用与管理方式创新。在北京、上海、江西等省(市)开展农机购置综合补贴试点,探索创新补贴资金使用与管理方式,结合实际选择大型拖拉机、青饲料收获机、联合收割机作为试点机具,支出方向可包括购置补贴、贷款贴息、融资租赁承租补助等。在四川省利用农机购置补贴资金开展农机化发展综合奖补试点,支出方向可包括机具的购置补贴、作业补贴、贷款贴息、融资租赁承租补助等。支持试点省份以信息化为支撑,完善工作措施,打通补贴申请、机具识别、作业轨迹监测等方面的数据通道,探索更加安全、高效、便民的补贴机具核验与补贴资金申领模式。上述试点省份农机化、财政部门应加快研究制定试点方案,报农业农村部、财政部备案同意后组织实施。

(二)持续推进农业绿色发展

1. 全面推进畜禽粪污资源化利用

贯彻落实《国务院办公厅关于加快推进畜禽养殖废弃物资源化利用的意见》(国办发〔2017〕48号),按照政府支持、企业主体、市场化运作的原则,继续支持畜牧大县开展畜禽粪污资源化利用工作,实现畜牧大县粪污资源化利用整县治理全覆盖,确保2020年如期完成目标任务。具体工作另行通知。

2. 推广地膜回收利用和旱作节水技术

下大力气治理白色污染,加快建立地膜使用和回收利用机制,继续在内蒙古、甘肃和新疆支持100个县整县推进废旧

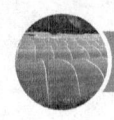
农业支持保护政策

地膜回收利用，鼓励其他地区自主开展探索，建立健全完善废旧地膜回收加工体系，推动建立经营主体上交、专业化组织回收、加工企业回收、以旧换新等多种方式的回收利用机制，并探索"谁生产、谁回收"的地膜生产者责任延伸制度。严格市场准入，禁止生产使用不达标地膜。支持有条件地区集中开展适宜作物全生物可降解地膜替代和新疆棉区机械化回收。以玉米、马铃薯、棉花、蔬菜、瓜果等作物为重点，示范推广水肥一体化、集雨补灌、蓄水保墒、抗旱抗逆等旱作节水技术，提高天然降水和灌溉用水利用效率。

3. 推进有机肥替代化肥

支持重点县实施果菜茶有机肥替代化肥，工作推进要与畜禽粪污资源化利用整县治理相结合，支持农民和新型经营主体使用畜禽粪污资源化利用产生的有机肥，集中推广堆肥还田、商品有机肥施用、沼渣沼液还田、自然生草覆盖等技术模式，配套设施设备，集中连片推进实施。鼓励采取政府购买服务等方式，开展有机肥统供统施等社会化服务，探索一批"果沼畜""菜沼畜""茶沼畜"等生产运营模式，促进果菜茶提质增效和资源循环利用。

4. 开展农机深松整地

根据《全国农机深松整地作业实施规划（2016—2020年）》，支持适宜地区开展农机深松整地作业，作业面积1.4亿亩以上，作业深度一般要求达到或超过25厘米，打破犁底层。充分利用信息化监测手段保证深松作业质量，提高监管工作效率。

5. 实施重点作物绿色高质高效行动

继续以重点县为单位实施绿色高质高效行动,突出水稻、小麦、玉米三大谷物,大豆、特色杂粮杂豆,油菜、花生等油料作物,以及棉花、糖料、果菜茶、中药材等经济作物,集成推广"全环节"绿色高质高效技术模式,探索构建"全过程"社会化服务体系和"全产业链"生产模式,辐射带动"全县域"生产水平提升,努力增加绿色优质农产品供给。

(三)发展壮大乡村产业

1. 推动优势特色主导产业发展

围绕区域优势特色主导产业,打造一批特色优势明显、产业基础好、发展潜力大、竞争力强的特色产业集聚区,示范引导一村一品、一镇一特、一县一业发展模式,推动优势特色产业走产出高效、产品安全、资源节约、环境友好的农业现代化道路,满足群众消费结构加快升级的需要。支持聚焦种植业、畜牧业、渔业三大产业和粮油、果茶、蔬菜、中药材、畜禽、水产六大品种,选择地理特色鲜明、具有发展潜力、市场认可度高的200个地理标志农产品,开展保护提升,打造特色产业,创响一批"土字号""乡字号"特色产品品牌。各地可结合实际,统筹利用中央和地方相关财政补助资金,改善地理标志农产品生产设施条件,推进规模化、标准化、绿色化生产,加强品牌培育和知识产权保护。继续实施绿色循环优质高效特色农业促进项目,具体工作另行通知。

2. 创建国家现代农业产业园

按照中央支持、地方负责、市场主导的发展思路,坚持

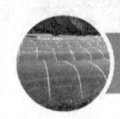

农业支持保护政策

高标准、严要求、宁缺毋滥，突出产业兴旺和联农增收机制创新两大任务，继续创建一批国家现代农业产业园，着力改善产业园基础设施条件和提升公共服务能力。农业农村部、财政部将加强创建工作督导和考核，对创建成效突出、辐射带动有力、绩效考核合格的产业园，择优认定为国家现代农业产业园。具体工作另行通知。

3. 开展农业产业强镇示范建设

继续以乡镇为平台实施产业兴村强县行动，建设一批产业兴旺、经济繁荣、绿色美丽、宜业宜居的农业产业强镇。支持符合条件的乡镇，聚焦主导产业，发展壮大乡村产业，加快培育一批产业生产经营市场主体，创新农民利益联结机制，将农业产业强镇示范建设作为引领乡村产业振兴的样板田和火车头，推动产业融合、产城融合、城乡融合。具体的工作另行通知。

4. 推进信息进村入户

按照"政府引导、市场主体"原则，支持河北、天津等省份开展益农信息社整省推进建设。严格按照《农业部关于全面推进信息进村入户工程的实施意见》（农市发〔2016〕7号）要求组织实施，依据"六有"标准建设益农信息社，优先覆盖贫困地区，到2019年年底益农信息社覆盖率要达到80%以上。强化资源聚集，充分聚合农业农村部门自身和其他涉农政府部门服务资源，确保公益服务有效落地，引导更多企业对接服务内容，提升便民服务、电子商务、培训体验服务水平，推进"互联网+"农产品出村出城，将益农信息社打造成为农服务的一站式窗口。强化建设运营机制构建，切实落实部门职责、完善运营规范，选好用好运营主体，真正实现可持续运营。切实提升网络安全和信息安全防护能力，有效防控技术风险、经营风险和法律风险。

5. **深化基层农技推广体系改革建设**

支持实施意愿高、完成任务好的农业县承担体系改革建设任务，提升基层农技人员服务能力和水平，建设一批国家农业科技示范展示基地，推广应用一批符合优质安全、节本增效、绿色发展的重大技术模式。加快农技推广信息化建设，提高中国农技推广APP覆盖面和使用率。继续在江苏、浙江等8个省份开展农业重大技术协同推广试点，支持其他省份自主开展协同推广试点。在贫困地区实现农技推广服务特聘计划全覆盖和贫困村农技员服务全覆盖。

6. **开展农村集体资产清产核资**

继续按照原农业部、财政部等部门联合印发的《关于全面开展农村集体资产清产核资工作的通知》（农经发〔2017〕11号）要求组织实施，重点清查未承包到户的资源性资产和集体统一经营的经营性资产以及现金、债权债务等，查实存量、价值和使用情况，做到账证相符和账实相符，将集体资产确权到乡镇、村、组集体经济组织成员集体。2019年再选择10个左右省份、30个左右地市、200个左右县整建制开展农村集体产权制度改革试点，鼓励地方自主扩大试点面积。

（四）调整优化农业结构

1. **扩大耕地轮作休耕制度试点**

2019年轮作休耕试点面积3 000万亩。其中，轮作试点2 500万亩，在东北四省区、黄淮海地区和长江流域开展玉米大豆、水稻油菜等轮作；休耕试点500万亩，在地下水漏斗区、重金属污染区、西南石漠化区、西北生态严重退化地区实施。具体工作另行通知。

2. 推动奶业振兴和畜牧业转型升级

实施奶业振兴行动，加快发展草牧业，积极推进粮改饲，实施面积1 200万亩以上，因地制宜发展苜蓿、青贮玉米、燕麦草等优质饲草料，支持优质奶源基地和草畜紧密配套的肉牛肉羊生产基地建设。支持非畜牧大县生猪等主要畜种规模养殖场开展粪污治理。在内蒙古、四川等8个主要草原牧区省份对项目区内使用良种精液开展人工授精的肉牛养殖场（小区、户），以及存栏能繁母羊30只以上、牦牛能繁母牛25头以上的养殖户进行适当补助。支持内蒙古在锡林郭勒盟选择部分旗县，在草畜平衡基础上开展"增牛减羊提质增效"示范行动。鼓励和支持推广应用优良种猪和精液，加快生猪品种改良。在黑龙江、江苏等10个蜂业主产省实施蜂业质量提升行动，建设高效优质蜂产业发展示范区，开展蜜源植物保护利用、蜜蜂遗传资源保护利用、良种繁育推广、现代化养殖加工技术及设施推广应用、蜂产品质量管控体系建设等方面。

3. 支持地下水超采综合治理区种植结构调整

继续以河北省黑龙港流域为重点，以休耕为重点开展种植结构调整，推广水肥一体化、设施棚面集雨、测墒灌溉、抗旱节水品种等农艺节水措施，建立旱作雨养种植的半休耕制度。

4. 支持重金属污染耕地治理修复和种植结构调整

继续以湖南省长株潭地区为重点，开展产地与产品重金属监测，进一步加强修复治理和安全利用示范，继续推广VIP（品种替代、灌溉水源净化、pH值调节）等污染耕地安全利用技术模式，探索可复制、可推广的污染耕地安全利用模式。巩固种植结构调整成果，完善耕地休耕制度。

（五）大力培育新型经营主体

1. 实施新型职业农民培育工程

围绕农业职业经理人、现代青年农场主、农村实用人才带头人、新型农业经营主体骨干和农业产业扶贫对象等，培育更多爱农业、懂技术、善经营的新型职业农民。各地要精准培育对象，精选培育内容，加强师资队伍建设，遴选一批培育示范基地、实训基地和农民田间学校，因地制宜、分层分类分段式开展培训工作，提升培育的针对性、规范性和有效性。要创新培训机制，探索以政府购买服务的方式支持农民合作社和龙头企业等主体承担培训工作。要创新培训方式和手段，依托全国农业科教云平台和云上智农APP开展在线学习、在线服务和在线考核，实现线上与线下培训的学时学分有效衔接。要完善支持政策，加强职业农民制度建设，促进职业农民的全面发展。

2. 支持农民合作社和家庭农场等主体高质量发展

支持制度健全、管理规范、带动力强的县级以上农民合作社示范社及农民合作社联合社高质量发展，鼓励各地开展农民合作社质量提升整县推进。启动家庭农场培育计划，指导各地按照"完善认定、示范创建、普惠支持、服务提升"要求，从小农户中逐步培育一大批规模适度的家庭农场，支持有条件的地方把家庭农场培育成新型农业经营体系的主导力量。积极发展家庭牧场和奶农合作社。支持农民合作社和家庭农场应用先进技术,提升绿色化标准化生产能力,建设清选包装、冷藏保鲜、烘干等产地初加工设施,开展"三品一标"认证和品牌建设等,提高产品质量水平和市场竞争力。鼓励各地通过政府购买服务方式,委托专业机构或专业人才为农民合作社和家庭农场提供政策咨询、生产控制、财务管理、技术指导、信息统计等服务。支持培育农业产业化联合体,依托龙头企业,带动农民合作社和家庭农场,开展全产业链技术研发、集成中试、加工设施建设、技术装备升级,建设农产品生产标准化、特征标识化、营销电商化原料基地。

3. 大力推进农业生产社会化服务

支持供销合作社、农村集体经济组织、专业服务公司、服务型农民合作社和家庭农场等具有一定能力、可提供有效稳定服务的主体,结合当地主导产业发展,选择2~3个关键环节和农民急需的关键领域,为从事粮棉油糖等重要农产品和当地特色主导产业生产的农户提供以生产托管为主的社会化服务,提升服务组织服务能力,集中连片推广绿色生态高效现代农业生产方式,把小农户生产引入现代农业发展轨道。鼓励各地采取政府购买服务等方式,实行先服务后补助,根据当地小农户需要发展多环节托管、关键环节托管和全程托管等模式,提升农业生产社会化服务的专业化、规模化水平。积极发挥供销合作社在农业生产社会化服务中的作用,支持符合条件的供销合作社承担农业生产社会化服务任务,承担的任务量不低于当地农业生产社会化服务总任务量的15%。

4. 完善农业信贷担保体系建设

各地要加快健全农业信贷担保体系,推动农业信贷担保服务网络向市县延伸，扩大在保贷款余额和在保项目数量，进一步缓解新型农业经营主体"贷款难、贷款贵"问题。要切实加大对贫困地区农业产业发展和新型农业经营主体的担保支持力度，并实施最优惠的担保费率。2019年暂停利用适度规模经营补贴向农业信贷担保机构注入资本金。各省要尽快建立完善担保费用补助、业务奖补和绩效考核政策，降低农业贷款主体融资成本，强化激励约束，确保财政奖补资金惠及农业贷款主体，也要防止农业信贷担保公司经营风险向财政转移。财政补助后的综合担保费率（担保公司向贷款主体收取费用和财政补助之和）不超过3%的情况下，农业贷款主体实际承担的综合信贷成本（贷款利率、贷款主体承担的担保费率、增值服务费率等各项之和）原则上不超过8%。为稳定生猪生产，鼓励农业信贷担保机构在政策规定和风险可控的前提下，为种猪场和存栏5 000头以上的生猪规模养殖场提供信贷担保，并允许各地利用适度规模经营资金，对一定期间内实际发生的贷款给予贴息，具体工作另行通知。

二、农业资源及生态保护补助资金项目实施方案

中央财政农业资源及生态保护补助资金主要用于耕地质量提升、渔业资源保护、对农牧民的补助奖励等方面的支出。具体实施方案如下。

（一）支持耕地质量提升

主要开展三项工作。一是耕地保护与质量提升。突出土壤酸化、盐渍化等耕地质量退化区域和设施农业土壤连作障碍严重区域，集中连片推广土壤改良、地力培肥、治理修复等综合技术模式。推进科学施肥，选择一批重点县开展化肥减量增

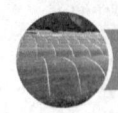

效示范,采取政府购买服务、物化补助等的方式,支持农户和新型农业经营主体应用化肥减量增效新技术新产品,引导企业和社会化服务组织开展科学施肥技术服务。继续支持做好耕地质量等级调查评价与监测、取土化验、田间肥效试验、肥料配方制定发布、测土配方施肥数据成果开发应用等工作。二是东北黑土地保护利用。贯彻落实《东北黑土地保护规划纲要(2017—2030年)》,在东北四省(区)继续推进黑土地保护利用,并与高标准农田建设统筹实施。相关省份要建立集中连片示范区,集中展示一批黑土地保护利用技术模式,项目县实施示范面积20万亩以上,整建制推进项目县示范面积50万亩以上。支持各地利用农作物秸秆综合利用、农机深松整地、畜禽粪污资源化利用等资金,协同推进黑土地保护利用工作。鼓励新型农业经营主体和社会化服务组织承担实施任务。三是农作物秸秆综合利用。在全国范围内推进农作物秸秆综合利用工作,实行整县集中推进。各地要结合实际,突出重点地区,坚持农用优先、多元利用的原则,培育一批产业化利用主体,打造一批全量利用样板县,稳步提高省域内秸秆综合利用能力,激发秸秆还田、离田、加工利用等各环节市场主体活力,探索可推广、可持续的秸秆综合利用模式,建立秸秆综合利用稳定运行机制。

(二)渔业资源保护

主要开展两项工作。一是重点水域渔业增殖放流。在流域性大江大湖、界江界河、资源衰退严重海域等重点水域开展渔业增殖放流。各地要提高增殖放流的科学性和有效性,严格贯彻落实《农业部办公厅关于进一步规范水生生物增殖放流工作的通知》(农办渔〔2017〕49号)要求,防范外来物种入侵和种质资源污染,提高供苗质量;规范增殖放流全程监管,完善苗种招标采购、放流跟踪监测等制度,做好水生生物资源养护信息系统相关数据填报,加强绩效评估工作,加大对渔业增殖放流资金投入;贯彻落实增殖放流违法违规供苗单位通报制度;严格执行休禁渔制度,沿海各省(区、市)要认真落实海洋渔业资源总量管理制度,维护好渔业增殖放流成果。二是开展长江流域重点水域禁捕。中央财政采取一次性补助与过渡期补助相结合的方式,对长江流域重点水域禁捕工作给予支持,整体切块下达,由各沿江省市统筹使用。具体要求按照《农业农村部、财政部、人力资源社会保障关于印发〈长江流域重点水域禁捕和建立补偿制度实施方案〉的通知》(农长渔发〔2019〕1号)执行,2019年重点完成水生生物保护区全面退捕和统筹推进保护区以外重点水域禁捕工作。

(三)落实对农牧民的补助奖励政策

具体要求按照《农业部办公厅、财政部办公厅关于印发〈新一轮草原生态保护补助奖励政策实施指导意见(2016—2020年)〉的通知》(农办财〔2016〕10号)执行。对农牧民的相关补助奖励资金原则上通过"一卡(折)通"发放,要强化公开公示,广泛接受群众监督,确保及时足额发放到位。

三、动物防疫等补助经费项目实施方案

中央财政动物防疫等补助经费主要用于动物疫病强制免疫、强制扑杀、养殖环节无害化处理等三方面支出。具体实施要求继续按照农业农村部办公厅、财政部办公厅联合印发的《动物疫病防控财政支持政策实施指导意见》(农办财〔2017〕35号)和《关于做好非洲猪瘟防控财政补助政策实施

农业支持保护政策

工作的通知》（农办计财〔2019〕4号）执行。

（一）强制免疫补助

主要用于开展口蹄疫、高致病性禽流感、H7N9流感、小反刍兽疫、布病、包虫病等动物疫病强制免疫疫苗（驱虫药物）采购、储存、注射（投喂）及免疫效果监测评价、人员防护等相关防控工作，对实施强制免疫和购买动物防疫服务等予以补助。各地要大力推进强制免疫的"先打后补"，确保辖区内规模养殖场在2020年全面实现"先打后补"。

（二）强制扑杀补助

主要用于国家在预防、控制和扑灭动物疫病过程中，对被强制扑杀动物的所有者给予补偿。纳入强制扑杀中央财政补助范围的疫病种类包括非洲猪瘟、口蹄疫、高致病性禽流感、H7N9流感、小反刍兽疫、布病、结核病、包虫病、马鼻疽和马传贫。强制扑杀补助经费由中央财政和地方财政共同承担。

（三）养殖环节无害化处理补助

中央财政根据国家统计局公布的生猪饲养量和合理的生猪病死率、实际处理率测算各省无害化处理补助经费，下达省级财政部门，主要用于养殖环节病死猪无害化处理支出。各地要根据《国务院办公厅关于建立病死畜禽无害化处理机制的意见》（国办发〔2014〕47号）有关要求，结合当地实际，完善无害化处理补助政策，切实做好养殖环节无害化的处理工作。

四、农业生产救灾资金项目实施方案

中央财政农业生产救灾资金主要用于重大农业自然灾害

应急救助、重大农作物病虫害防治等方面支出。具体实施方案如下。

(一)农业生产应急救灾

坚持"地方先救灾、中央后补助",对于区域性重大农业自然灾害,在地方先行救灾基础上,中央财政予以适当补助。中央财政补助资金主要用于抗灾救灾和灾后恢复生产所需物资购置、受损设施修复、死亡动物无害化处理以及灾害监测预防评估等方面。

(二)农作物重大病虫害防治

用于农区蝗虫、小麦、水稻等主要农作物重大病虫、柑橘黄龙病、马铃薯甲虫等重大农业植物疫情的统防统治、绿色防控和应急防治补助,鼓励病虫害防治服务组织和生产者推广应用生物防治、生态控制、理化诱控和科学用药等综合防治措施,确保重大病虫疫情不大面积暴发成灾、蝗虫不起飞为害。

第十二章
2019年重点强农惠农政策

2019年，贯彻落实中央农村工作会议、中央一号文件和全国"两会"精神，围绕实施乡村振兴战略，深入推进农业供给侧结构性改革，国家将继续加大支农投入，强化项目统筹整合，加快推进农业农村现代化。为便于广大农民和社会各界了解国家强农惠农政策，发挥政策引导的作用，2019年农业农村部、财政部实施的重点支农政策如下。

一、农业生产发展与流通

1. 耕地地力保护补贴

补贴对象原则上为拥有耕地承包权的种地农民。补贴资金通过"一卡（折）通"等形式直接兑现到户。各省（自治区、直辖市）继续按照《财政部、农业部关于全面推开农业"三项补贴"改革工作的通知》（财农〔2016〕26号）要求，并结合本地实际具体确定补贴对象、补贴方式、补贴标准，保持政策的连续性、稳定性，确保广大农民直接受益。

鼓励各地创新方式方法,以绿色生态为导向,探索将补贴发放与耕地保护责任落实挂钩的机制,引导农民自觉提升耕地地力。

2. 农机购置补贴

各省(自治区、直辖市)在中央财政农机购置补贴机具种类范围内选取确定本省补贴机具品目,实行补贴范围内机具应补尽补,优先保证粮食等主要农产品生产所需机具和支持农业绿色发展机具的补贴需要,增加畜禽粪污资源化利用机具品目。对购买国内外农机产品一视同仁。补贴额依据同档产品上年市场销售均价测算,原则上测算比例不超过30%。

3. 优势特色主导产业发展

围绕区域优势特色主导产业,着力发展一批小而精的特色产业集聚区,示范引导一村一品、一镇一特、一县一业发展。选择地理特色鲜明、具有发展潜力、市场认可度高的200个地理标志农产品,开展保护提升。实施绿色循环优质高效特色农业促进项目,形成一批以绿色优质农产品生产、加工、流通、销售产业链为基础,集科技创新、休闲观光、种养结合的农业产业集群。承担任务的相关省份从中央财政下达预算中统筹安排予以支持。

4. 国家现代农业产业园

立足优势特色产业,聚力建设规模化种养基地为依托、产业化龙头企业带动、现代生产要素聚集、"生产+加工+科技"的现代农业产业集群。2019年继续创建一批国家现代农业产业园,择优认定一批国家现代农业产业园,着力改善产业园基础设施条件,提升公共服务能力。创建工作由各省(自治区、直辖市）负责，中央财政对符合创建条件的安排部分补助资金，通过农业农村部、财政部认定后，再视情况安排部分奖补资金。

5. 农业产业强镇示范

以乡土经济活跃、乡村产业特色明显的乡镇为载体，以产业融合发展为路径，培育乡土经济、乡村产业，规范壮大生产经营主体，创新农民利益联结共享机制，建设一批产业兴旺、经济繁荣、绿色美丽、宜业宜居的农业产业强镇。中央财政通过安排奖补资金予以支持。

6. 信息进村入户整省推进示范

2019年支持天津、河北、福建、山东、湖南、广西、云南等7个省（自治区、直辖市）开展示范。加快益农信息社建设运营，尽快修通修好覆盖农村、立足农业、服务农民的"信息高速公路"。信息进村入户采取市场化建设运营，中央财政给予一次性奖补。

7. 奶业振兴行动

重点支持制约奶业发展的优质饲草种植、家庭牧场和奶业合作社发展。加快发展草牧业，积极推进粮改饲，大力发展苜蓿、青贮玉米、燕麦草等优质饲草料生产，促进鲜奶产量增加、品质提升。将奶农发展家庭牧场、奶业合作社等纳入新型经营主体培育工程进行优先重点支持，支持建设优质奶源基地。承担任务的相关省份从中央财政下达预算中统筹安排予以支持。

8. 畜牧良种推广

在内蒙古、四川等8个主要草原牧区省份，对项目区内使用良种精液开展人工授精的肉牛养殖场（小区、户），以及存栏能繁母羊、牦牛能繁母牛养殖户进行补助。鼓励和支持推广应用优良种猪和精液，加快生猪品种改良。在黑龙江、江苏等10个蜂业主产省，实施蜂业质量提升行动，支持建设高效优质蜂产业发展示范区。承担任务的相关省份从中央财政下达预算中统筹安排予以支持。

9. 重点作物绿色高质高效行动

以重点县为单位，突出水稻、小麦、玉米三大谷物和大豆及油菜、花生等油料作物，集成推广"全环节"绿色高质高效技术模式，探索构建"全过程"社会化服务体系和"全产业链"生产模式，辐射带动"全县域"生产水平提升，增加绿色优质农产品供给。承担任务的相关省份从中央财政下达预算中统筹安排予以支持。

10. 农业生产社会化服务

支持农村集体经济组织、专业化农业服务组织、服务型农民合作社、供销社等具有一定能力、可提供有效稳定服务的主体，为从事粮棉油糖等重要农产品生产的农户提供农技推广、土地托管、代耕代种、统防统治、烘干收储等农业生产性服务。财政给予适当补助，降低农户的服务价格。

11. 农机深松整地

支持适宜地区开展农机深松整地作业，全国作业面积达到1.4亿亩以上，作业深度一般要求达到或超过25厘米，打破犁底层。承担任务的相关省份从中央财政下达预算中统筹安排予以支持。东北四省区及广西壮族自治区可根据农业生产实际需要，在适宜地区开展农机深翻（深耕）作业补助。

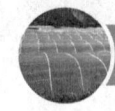

12. 耕地轮作休耕制度试点

2019年,中央财政支持轮作休耕试点面积为3 000万亩。其中,轮作试点2 500万亩,主要在东北冷凉区、北方农牧交错区、黄淮海地区和长江流域的大豆、花生、油菜产区实施;休耕试点500万亩,主要在地下水超采区、重金属污染区、西南石漠化区、西北生态严重退化地区实施。

13. 产粮大县奖励

对符合规定的常规产粮大县、超级产粮大县、产油大县、商品粮大省、制种大县、"优质粮食工程"实施省份给予奖励。常规产粮大县奖励资金作为一般性转移支付,由县级人民政府统筹安排;其他奖励资金按照有关规定用于扶持粮油产业发展。

14. 生猪(牛羊)调出大县奖励

包括生猪调出大县奖励、牛羊调出大县奖励和省级统筹奖励资金。生猪调出大县奖励资金和牛羊调出大县奖励资金由县级人民政府统筹安排用于支持本县生猪(牛羊)生产流通和产业发展,省级统筹奖励资金由省级人民政府统筹安排用于支持本省(自治区、直辖市)生猪(牛羊)生产流通和产业发展。

15. 玉米、大豆和稻谷生产者补贴

在辽宁、吉林、黑龙江和内蒙古实施玉米及大豆生产者补贴。中央财政将玉米、大豆生产者补贴拨付到省区,由地方政府制定具体的补贴实施办法,明确补贴标准、补贴对象、补贴依据等,并负责将补贴资金兑付给玉米、大豆生产者。为支持深化稻谷收储制度和价格形成机制改革,保障农民种粮

收益基本稳定，国家继续对有关稻谷主产省份给予适当补贴支持。

二、农业资源保护利用

1. 草原生态保护补助奖励

在内蒙古、四川、云南、西藏、甘肃、宁夏、青海、新疆等8个省（自治区）和新疆生产建设兵团实施禁牧补助、草畜平衡奖励；在河北、山西、辽宁、吉林、黑龙江和黑龙江省农垦总局实施"一揽子"政策和绩效评价奖励，补奖资金可统筹用于国家牧区半牧区县草原生态保护建设，也可延续第一轮政策的好做法。

2. 渔业增殖放流

在流域性大江大湖、界江界河、资源退化严重海域等重点水域开展渔业增殖放流，促进恢复或增加渔业种群的数量，改善和优化水域的渔业种群结构，实现渔业可持续发展。

3. 渔业发展与船舶报废拆解更新补助

按照海洋捕捞强度与资源再生能力平衡协调发展的要求，支持渔民减船转产和人工鱼礁建设，促进渔业生态环境修复。适应渔业发展现代化、专业化的新形势，在严控海洋捕捞渔船数和功率数"双控"指标、不增加捕捞强度的前提下，有计划升级改造选择性好、高效节能、安全环保的标准化捕捞渔船。同时，支持深水网箱推广、渔港航标等公共基础设施，改善渔业发展基础条件。

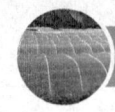
农业支持保护政策

4. 长江流域重点水域禁捕补偿

中央财政采取一次性补助与过渡期补助相结合的方式，对长江流域重点水域禁捕工作给予支持，促进水生生物资源恢复和水域生态环境修复。其中，一次性补助由地方结合实际统筹用于收回渔民捕捞权和专用生产设备报废，直接发放到符合条件的退捕渔民。过渡期补助由各地统筹用于禁捕宣传动员、提前退捕奖励、加强执法管理、突发事件应急处置等与禁捕直接相关的工作。

5. 果菜茶有机肥替代化肥行动

选择重点县，支持农民和新型农业经营主体使用畜禽粪污资源化利用产生的有机肥，集中推广堆肥还田、商品有机肥施用、沼渣沼液还田、自然生草覆盖等技术模式，探索一批"果沼畜""菜沼畜""茶沼畜"等生产运营模式，促进果菜茶提质增效和资源的循环利用。

6. 农作物秸秆综合利用试点

在全国范围内整县推进，坚持农用优先、多元利用，培育一批产业化利用主体，打造一批全量利用样板县。激发秸秆还田、离田、加工利用等各环节市场主体活力，探索可推广、可持续的秸秆综合利用技术路线、模式和机制。

7. 畜禽粪污资源化处理

支持畜牧大县开展畜禽粪污资源化利用工作，实现畜牧养殖大县粪污资源化利用整县治理全覆盖。按照政府支持、企业主体、市场化运作的原则，以就地就近用于农村能源和农用有机肥为主要利用方式，新（扩）建畜禽粪污收集、利用等处理设施，以及区域性粪污集中处理中心、大型沼气工程，实现规模养殖场全部实现粪污处理和资源化利用，形成农牧结合、种养循环发展的产业格局。

8. 地膜回收利用

在内蒙古、甘肃和新疆支持100个县整县推进废旧地膜回收利用，鼓励其他地区自主开展探索。支持建立健全废旧地膜回收加工体系，建立经营主体上交、专业化组织回收、加工企业回收、以旧换新等多种方式的回收利用机制，并探索"谁生产、谁回收"的地膜生产者责任延伸制度。

9. 地下水超采综合治理

以河北省黑龙港流域为重点，以休耕为重点开展种植结构调整，推广水肥一体化、设施棚面集雨、测墒灌溉、抗旱节水品种等农艺节水措施，建立旱作雨养种植的半休耕制度。

10. 重金属污染耕地综合治理

以湖南省长株潭地区为重点，加强产地与产品重金属监测，推广VIP（品种替代、灌溉水源净化、pH值调节）等污染耕地安全利用技术模式，探索可复制、可推广的污染耕地安全利用模式。推行种植结构调整，实施耕地休耕试点。

三、农田建设

1. 高标准农田建设

2019年，按照"统一规划布局、统一建设标准、统一组织实施、统一验收考核、统一上图入库"五个统一的要求，在全国建设高标准农田8 000万亩以上，并向粮食生产功能区、重要农产品生产保护区倾斜。在建设内容上，按照《高标准农田建设通则》，以土地平整、土壤改良、农田水利、机耕道

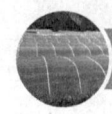

路、农田输配电设备等为重点,推进耕地"宜机化"改造,加强农业基础设施建设,提高农业综合生产能力,落实好"藏粮于地、藏粮于技"战略。

2. 东北黑土地保护利用

在辽宁、吉林、黑龙江和内蒙古四省(区)实施,建立集中连片示范区,集中展示一批黑土地保护利用模式。支持开展控制黑土流失、增加土壤有机质含量、保水保肥、黑土养育、耕地质量监测评价等技术措施和工程措施。鼓励新型农业经营主体和社会化服务组织承担实施任务。

四、农业科技人才支撑

1. 农民合作社和家庭农场能力建设

支持县级以上农民合作社示范社及农民合作社联合社高质量发展,培育一大批规模适度的家庭农场。支持农民合作社和家庭农场建设清选包装、冷藏保鲜、烘干等产地初加工设施,开展"三品一标"、品牌建设等,提高产品质量安全水平和市场竞争力。

2. 农业信贷担保服务

重点服务家庭农场、农民合作社、农业社会化服务组织、小微农业企业等农业适度规模经营主体。充分发挥全国农业信贷担保体系的作用,重点聚焦粮食生产、畜牧水产养殖、菜果茶等农林优势特色产业,农资、农机、农技等农业社会化服务,农田基础设施,以及农村一二三产业融合发展、精准扶贫项目、家庭休闲农业、观光农业等农村新业态。支持各地采取担保费补助、业务奖补等方式,降低适度规模经营主体融资成本，解决农业经营主体融资难、融资贵的问题。

3. 新型职业农民培育

以农业职业经理人、现代青年农场主、农村实用人才带头人、新型农业经营主体骨干、农业产业扶贫对象作为重点培育对象，提升其生产技能和经营管理水平。支持有能力的农民合作社、专业技术协会、农业龙头企业等主体承担培训工作。

4. 基层农技推广体系改革与建设

支持实施意愿高、完成任务好的农业县承担体系改革建设任务，强化乡镇为农服务体系建设，提升基层农技人员服务能力和水平，推广应用一批符合优质安全、节本增效、绿色发展的重大技术模式。在贫困地区全面实施农技推广服务特聘计划，从农业乡土专家、种养能手、新型农业经营主体技术骨干、科研教学单位一线服务人员中招募一批特聘农技员，为产业扶贫提供有力支撑。

五、农业防灾减灾

1. 农业生产救灾

中央财政对各地农业重大自然灾害及生物灾害的预防控制、应急救灾和灾后恢复生产工作给予适当补助。支持范围包括农业重大自然灾害预防及生物灾害防控所需的物资材料补助，恢复农业生产措施所需的物资材料补助，灾后死亡动物无害化处理费，牧区抗灾保畜所需的储草棚（库）、牲畜暖棚和应急调运饲草料补助等。

2. 动物疫病防控

中央财政对动物疫病强制免疫、强制扑杀和养殖环节无

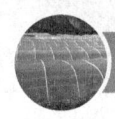

害化处理工作给予补助。强制免疫补助经费主要用于开展口蹄疫、高致病性禽流感、小反刍兽疫、布病、包虫病等动物强制免疫疫苗（驱虫药物）采购、储存、注射（投喂）以及免疫效果监测评价、人员防护等相关防控工作，以及对实施和购买动物防疫服务等予以补助。国家在预防、控制和扑灭动物疫病过程中，对被强制扑杀动物的所有者给予补偿，补助经费由中央财政和地方财政共同承担。国家对养殖环节病死猪无害化处理予以支持，由各地根据有关要求，结合当地实际，完善无害化处理补助政策，切实做好养殖环节无害化处理工作。

3. 农业保险保费补贴

在地方财政自主开展、自愿承担一定补贴比例基础上，中央财政对水稻、小麦、玉米、棉花、马铃薯、油料作物、糖料作物、能繁母猪、奶牛、育肥猪、森林、青稞、牦牛、藏系羊和天然橡胶，以及水稻、小麦、玉米制种保险给予保费补贴支持，农民自缴保费比例一般不超过20%。继续开展并扩大农业大灾的保险试点，保障水平覆盖"直接物化成本+地租"，保障对象覆盖试点地区的适度规模经营主体和小农户；在内蒙古、辽宁、安徽、山东、河南、湖北等6个省（自治区）各选择4个产粮大县继续开展三大粮食作物完全成本保险和收入保险试点，保障水平覆盖"直接物化成本+地租+劳动力成本"；中央财政启动对地方优势特色农产品保险实施奖补试点。

六、乡村建设

1. 农村人居环境整治整体推进

贯彻落实《农村人居环境整治三年行动方案》，重点支持中西部地区以县为单位整县推进农村人居环境的整治工作，推进农村生活垃圾、生活污水、厕所粪污治理和村容村貌提升等任务，加快补齐农村人居环境基础设施建设短板。

2.农村人居环境整治先进县奖励

贯彻落实《农村人居环境整治三年行动方案》和《国务院办公厅关于对真抓实干成效明显地方进一步加大激励支持力度的通知》（国办发2018〔117〕号）精神，按照《农村人居环境整治激励措施实施办法》对各省开展农村人居环境整治工作进行评价，确定拟推荐激励县名单。中央财政在分配年度农村综合改革转移支付资金时，对农村人居环境整治成效明显的县予以适当倾斜支持。

3.农村"厕所革命"整村推进

中央财政安排专项奖补资金，支持和引导各地以行政村为单元，整体规划设计，整体组织发动，同步实施户厕改造、公共设施配套建设，并建立健全后期管护机制。奖补行政村卫生厕所普及率原则上应达到85%以上。奖补资金主要支持粪污收集、储存、运输、资源化利用等设施建设和后续管护能力提升，兼顾户厕改造。奖补标准、方式等由各地结合实际确定。

第十三章
支持特色小(城)镇建设政策

一、金融支持特色小(城)镇建设促进脱贫攻坚

建设特色小(城)镇是推进供给侧结构性改革的重要平台,是深入推进新型城镇化、辐射带动新农村建设的重要抓手。全力实施脱贫攻坚、坚决打赢脱贫攻坚战是"十三五"时期的重大战略任务。在贫困地区推进特色小(城)镇建设,有利于为特色产业脱贫搭建平台,为转移就业脱贫拓展空间,为易地扶贫搬迁脱贫提供载体。为深入推进特色小(城)镇建设与脱贫攻坚战略相结合,加快脱贫攻坚致富步伐,开发性金融支持贫困地区特色小(城)镇建设提出了以下意见。

(一)加强规划引导

加强对特色小(城)镇发展的指导,推动地方政府结合经济社会发展规划,编制特色小(城)镇发展专项规划,明确发展目标、建设任务和工作进度。开发银行各分行积极参与特色小(城)镇规划编制工作,统筹考虑财税、金融、市场资金等方面因素,做好系统性融资规划和融资顾问工作,明确支持

重点、融资方案和融资渠道，推动规划落地实施。各级发展改革部门要加强与开发银行各分行、特色小（城）镇所在地方政府的沟通联系，积极支持系统性融资规划编制工作。

（二）支持发展特色产业

一是各级发展改革部门和开发银行各分行要加强协调配合，根据地方资源禀赋和产业优势，探索符合当地实际的农村产业融合发展道路，不断延伸农业产业链、提升价值链、拓展农业多种功能，推进多种形式的产城融合，实现农业现代化与新型城镇化协同发展。二是开发银行各分行要运用"四台一会"（管理平台、借款平台、担保平台、公示平台和信用协会）贷款模式，推动建立风险分担和补偿机制，以批发的方式融资支持龙头企业、中小微企业、农民合作组织以及返乡农民工等各类创业者发展特色优势产业，带动周边广大农户，特别是贫困户全面融入产业发展。三是在特色小（城）镇产业发展中积极推动开展土地、资金等多种形式的股份合作，在有条件的地区，探索将"三资"（农村集体资金、资产和资源）、承包土地经营权、农民住房财产权和集体收益分配权资本化，建立和完善利益联结机制，保障贫困人口在产业发展中获得合理、稳定的收益，并实现城乡劳动力、土地、资本和创新要素高效配置。

（三）补齐特色小（城）镇发展短板

一是支持基础设施、公共服务设施和生态环境建设，包括但不限于土地及房屋的征收、拆迁和补偿；安置房建设或货币化安置；水网、电网、路网、信息网、供气、供热、地下综合管廊等公共基础设施建设；污水处理、垃圾处理、园林绿化、水体生态系统与水环境治理等环境设施建设以及生态修复工程；科技馆、学校、文化馆、医院、体育馆等科教文卫设施建设；小型集贸市场、农产品交易市场、生活超市等便民商业设施建设；其他基础设施、公共服务设施以及环境设施建设。二是支持各类产业发展的配套设施建设，包括但不限于标准厂房、孵化园、众创空间等生产平台；旅游休闲、商贸物流、人才公寓等服务平台建设；其他促进特色产业发展的配套基础设施建设。

（四）积极开展试点示范

结合贫困地区发展实际，因地制宜开展特色小（城）镇助力脱贫攻坚建设试点。对试点单位优先编制融资规划，优先安排贷款规模，优先给予政策、资金等方面的支持，鼓励各地先行先试，着力打造一批资源禀赋丰富、区位环境良好、历史文化浓厚、产业集聚发达、脱贫攻坚效果好的特色小（城）镇，为其他地区提供经验借鉴。

（五）加大金融支持力度

开发银行加大对特许经营、政府购买服务等模式的信贷支持力度，特别是通过探索多种类型的PPP模式（PPP（Public-Private Partnership），又称PPP模式），引入大型企业参与投资，引导社会资本广泛参与。发挥开发银行"投资、贷款、债券、租赁、证券、基金"综合服务功能和作用，在设立基金、发行债券、资产证券化等方面提供财务顾问服务。发挥资本市场在脱贫攻坚中的积极作用，盘活贫困地区特色资产资源，为特色小（城）镇建设提供多元化金融支持。各级发展改革部门和开发银行各分行要共同推动地方政府完善担保体系，建立风险补偿机制，改善当地金融生态环境。

（六）强化人才支撑

加大对贫困地区特色小（城）镇建设的智力支持力度，开发银行扶贫金融专员要把特色小（城）镇作为金融服务的重要内容，帮助派驻地（市、州）以及对口贫困县区域内的特色小（城）镇引智、引商、引技、引资，着力解决缺人才、缺技术、缺资金等突出问题。以"开发性金融支持脱贫攻坚地方干部培训班"为平台，为贫困地区干部开展特色小（城）镇专题培训，帮助正确把握政策内涵，增强运用开发性金融手段推动特色小（城）镇建设、促进脱贫攻坚的能力。

（七）建立长效合作机制

国家发展改革委和开发银行围绕特色小（城）镇建设进一步深化合作，建立定期会商机制，加大工作推动力度。各级发展改革部门和开发银行各分行要密切沟通，共同研究制定当地特色小（城）镇建设工作方案，确定重点支持领域，设计融资模式；建立特色小（城）镇重点项目批量开发推荐机制，形成项目储备库；协调解决特色小（城）镇建设过程中的困难和问题，将合作落到实处。

二、三部委开展特色小镇培育工作

为贯彻党中央、国务院关于推进特色小镇、小城镇建设的精神，落实《国民经济和社会发展第十三个五年规划纲要》关于加快发展特色镇的要求。到2020年，培育1 000个左右各具特色、富有活力的休闲旅游、商贸物流、现代制造、教育科技、传统文化、美丽宜居等特色小镇，引领带动全国小城镇建设，不断提高建设水平和发展质量。住房城乡建设部、国

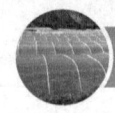
农业支持保护政策

家发展改革委、财政部（以下简称三部委）决定在全国范围开展特色小镇培育工作。

（一）特色鲜明的产业形态

产业定位精准，特色鲜明，战略新兴产业、传统产业、现代农业等发展良好、前景可观。产业向做特、做精、做强发展，新兴产业成长快，传统产业改造升级效果明显，充分利用"互联网+"等新兴手段，推动产业链向研发、营销延伸。产业发展环境良好，产业、投资、人才、服务等要素集聚度较高。通过产业发展，小镇吸纳周边农村剩余劳动力就业的能力明显增强，带动农村发展效果明显。

（二）和谐宜居的美丽环境

空间布局与周边自然环境相协调，整体格局和风貌具有典型特征，路网合理，建设高度和密度适宜。居住区开放融合，提倡街坊式布局，住房舒适美观。建筑彰显传统文化和地域特色。公园绿地贴近生活、贴近工作。店铺布局有管控。镇区环境优美，干净整洁。土地利用集约节约，小镇建设与产业发展同步协调。美丽乡村建设成效突出。

（三）彰显特色的传统文化

传统文化得到充分挖掘、整理、记录，历史文化遗存得到良好保护和利用，非物质文化遗产活态传承。形成独特的文化标识，与产业融合发展。优秀传统文化在经济发展和社会管理中得到充分弘扬。公共文化传播方式方法丰富有效。居民思想道德和文化素质较高。

（四）便捷完善的设施服务

基础设施完善，自来水符合卫生标准，生活污水全面收集并达标排放，垃圾无害化处理，道路交通停车设施完善便捷，绿化覆盖率较高，防洪、排涝、消防等各类防灾设施符合标准。公共服务设施完善、服务质量较高，教育、医疗、文化、商业等服务覆盖农村地区。

（五）充满活力的体制机制

发展理念有创新，经济发展模式有创新。规划建设管理有创新，鼓励多规协调，建设规划与土地利用规划合一，社会管理服务有创新。省、市、县支持政策有创新。镇村融合发展有创新。体制机制建设促进小镇健康发展，激发内生动力。

（六）组织领导和支持政策

三部委负责组织开展全国特色小镇培育工作，明确培育要求，制定政策措施，开展指导检查，公布特色小镇名单。省级住房城乡建设、发展改革、财政部门负责组织开展本地区特色小镇培育工作，制定本地区指导意见和支持政策，开展监督检查，组织推荐。县级人民政府是培育特色小镇的责任主体，制定支持政策和保障措施，整合落实资金，完善体制机制，统筹项目安排并组织推进。镇人民政府负责做好实施工作。

国家发展改革委等有关部门支持符合条件的特色小镇建设项目申请专项建设基金，中央财政对工作开展较好的特色小镇给予适当奖励。三部委依据各省小城镇建设和特色小镇培育工作情况，逐年确定各省推荐数量。省级住房城乡建设、发展改革、财政部门按推荐数量，于每年8月底前将达到培育要求的镇向三部委推荐。特色小镇原则上为建制镇（县城关镇除外），优先选择全国重点镇。

第十四章
支持农业转移人口市民化若干财政政策

一、总体要求

全面贯彻落实党的十八大和十八届三中、四中、五中全会以及中央经济工作会议、中央城镇化工作会议、中央城市工作会议精神，深入贯彻习近平总书记系列重要讲话精神，适应、把握和引领经济发展新常态，按照"五位一体"总体布局和"四个全面"战略布局，牢固树立和贯彻落实创新、协调、绿色、开放、共享的发展理念，强化地方政府尤其是人口流入地政府的主体责任，建立健全支持农业转移人口市民化的财政政策体系，将持有居住证人口纳入基本公共服务保障范围，创造条件加快实现基本公共服务常住人口全覆盖。加大对吸纳农业转移人口地区尤其是中西部地区中小城镇的支持力度，维护进城落户农民土地承包权、宅基地使用权、集体收益分配权，支持引导其依法自愿有偿转让上述权益，促进有能力在城镇稳定就业和生活的常住人口有序实现市民化，并与城镇居民享有同等权利。

二、基本原则

创新机制、扩大覆盖。创新公共资源配置的体制机制，将持有居住证人口纳入义务教育、基本医疗、基本养老、就业服务等基本公共服务保障范围，使其逐步享受与当地户籍人口同等的基本公共服务。

精准施策、促进均衡。强化经济发达地区为农业转移人口提供与当地户籍人口同等基本公共服务的职责；综合考虑户籍人口、持有居住证人口和常住人口等因素，完善转移支付制度，确保中西部财政困难地区财力不因政策调整而减少，促进基本公共服务均等化。

强化激励、推动落户。建立中央和省级财政农业转移人口市民化奖励机制，调动地方政府推动农业转移人口市民化的积极性，有序推动有能力在城镇稳定就业和生活的农业转移人口举家进城落户。

维护权益、消除顾虑。充分尊重农民意愿和自主定居权利，依法维护进城落户农民在农村享有的既有权益，消除农民进城落户的后顾之忧。为进城落户农民在农村合法权益的流转创造条件，实现其权益的保值增值。

三、政策措施

（一）保障农业转移人口子女平等享有受教育权利

地方政府要将农业转移人口及其他常住人口随迁子女义务教育纳入公共财政保障范围，逐步完善并落实中等职业教育

免学杂费和普惠性学前教育的政策。中央和省级财政部门要按在校学生人数及相关标准核定义务教育和职业教育中涉及学生政策的转移支付，统一城乡义务教育经费保障机制，实现"两免一补"资金和生均公用经费基准定额资金随学生流动可携带，落实好中等职业教育国家助学政策。

（二）支持创新城乡基本医疗保险管理制度

加快落实医疗保险关系转移接续办法和异地就医结算办法，整合城乡居民基本医疗保险制度，加快实施统一的城乡医疗救助制度。对于居住证持有人选择参加城镇居民医保的，个人按城镇居民相同标准缴费，各级财政按照参保城镇居民相同标准给予补助，避免重复参保、重复补助。加快实现基本医疗保险参保人跨制度、跨地区转移接续。

（三）支持完善统筹城乡的社会保障体系

加快实施统一规范的城乡社会保障制度，中央和省级财政部门要配合人力资源社会保障等有关部门做好将持有居住证人口纳入城镇社会保障体系和城乡社会保障制度衔接等工作。

（四）加大对农业转移人口就业的支持力度

中央和省级财政部门在安排就业专项资金时，要充分考虑农业转移人口就业问题，将城镇常住人口和城镇新增就业人数作为分配因素，并赋予适当权重。县级财政部门要统筹上级转移支付和自有财力，支持进城落户农业转移人口中的失业人员进行失业登记，并享受职业指导、介绍、培训及技能鉴定等公共就业服务和扶持政策。

第十四章　支持农业转移人口市民化若干财政政策

（五）建立农业转移人口市民化奖励机制

中央财政建立农业转移人口市民化奖励机制，奖励资金根据农业转移人口实际进城落户以及地方提供基本公共服务情况，并适当考虑农业转移人口流动、城市规模等因素进行测算分配，向吸纳跨省（区、市）流动农业转移人口较多地区和中西部中小城镇倾斜。省级财政要安排资金，建立省（区、市）对下农业转移人口市民化奖励机制。县级财政部门要将上级奖励资金统筹用于提供基本公共服务。

（六）均衡性转移支付适当考虑为持有居住证人口提供基本公共服务增支因素

中央财政在根据户籍人口测算分配均衡性转移支付的基础上，充分考虑各地区向持有居住证人口提供基本公共服务的支出需求，并根据基本公共服务水平提高和规模增长情况进行动态调整，确保对中西部财政困难地区转移支付规模和力度不减。省级财政要参照中央做法，在对下分配均衡性转移支付资金时考虑为持有居住证人口提供基本公共服务等增支因素，增强县级政府财政保障能力，鼓励中西部地区农业转移人口就近城镇化。

（七）县级基本财力保障机制考虑持有居住证人口因素

完善县级基本财力保障机制奖补资金分配办法，中央和省级财政在测算县级相关民生支出时，要适当考虑持有居住证人口因素，加强对吸纳农业转移人口较多且民生支出缺口较大的中西部县级政府的财力保障。县级政府要统筹用好资金，切实将农业转移人口纳入基本公共服务保障范围，使农业转移人口与当地户籍人口享受同等基本公共服务。

（八）支持提升城市功能，增强城市承载能力

地方政府要将农业转移人口市民化工作纳入本地区经济社会发展规划、城乡规划和城市基础设施建设规划。要多渠道筹集建设资金，通过发行地方政府债券等多种方式拓宽城市建设融资渠道。要推广政府和社会资本合作（PPP）模式，吸引社会资本参与城市基础设施建设和运营。按照市场配置资源和政府保障相结合的原则，鼓励农业转移人口通过市场购买或租赁住房，采取多种方式解决农业转移人口居住问题。中央财政在安排城市基础设施建设和运行维护、保障性住房等相关专项资金时，对吸纳农业转移人口较多的地区给予适当支持。

（九）维护进城落户农民土地承包权、宅基地使用权、集体收益分配权

地方政府不得强行要求进城落户农民转让在农村的土地承包权、宅基地使用权、集体收益分配权，或将其作为进城落户条件。要通过健全农村产权流转交易市场，逐步建立起进城落户农民在农村的相关权益退出机制，积极引导和支持进城落户农民依法自愿有偿转让相关权益，促进相关权益的实现和维护，但现阶段要严格限定在本集体经济组织内部。要多渠道筹集资金，支持进城落户农民在城镇居住、创业、投资。

（十）加大对农业转移人口市民化的财政支持力度，并建立动态调整机制

中央和地方各级财政部门要根据不同时期农业转移人口数量规模、不同地区和城乡之间农业转移人口流动变化、大中小城市农业转移人口市民化成本差异等，对转移支付规模和结构进行动态调整。落实东部发达地区和大型、特大型城市的主

体责任，引导其加大支出结构调整力度，依靠自有财力为农业转移人口提供与当地户籍人口同等的基本公共服务，中央财政根据其吸纳农业转移人口进城落户人数等因素适当给予奖励。

四、组织实施

建立健全支持农业转移人口市民化的财政政策是党中央、国务院部署的重点改革任务之一，各级政府及其财政部门要高度重视、提高认识、尽快部署、狠抓落实。

中央财政要加快调整完善相关政策，加大转移支付支持力度，建立绩效考核机制，督促地方财政部门尽快制定有关支持农业转移人口市民化的财政政策措施。

省级财政部门要按照本通知要求，结合本地区实际制定支持农业转移人口市民化的政策措施，并报财政部备案；要完善省对下转移支付制度，引导农业转移人口就近城镇化，增强省以下各级政府落实农业转移人口市民化政策的财政保障能力。

人口流入地政府尤其是东部发达地区政府要履行为农业转移人口提供基本公共服务的义务，把推动本地区新型城镇化、加快推进户籍制度改革、促进已进城农业转移人口在城镇定居落户与提供基本公共服务结合起来，通过加强预算管理，统筹使用自有财力和上级政府转移支付资金，合理安排预算，优化支出结构，切实保障农业转移人口基本公共服务需求。

第十五章
农业保险政策

一、中央财政农业保费补贴保险产品政策

近期,农业部、财政部和保监会联合发布《关于进一步完善中央财政农业保费补贴保险产品政策拟订工作的通知》(保监发〔2015〕25号),要求农业保险提供机构对种植业保险及能繁母猪、生猪、奶牛等按头(只)保险的大牲畜保险条款中不得设置绝对免赔。同时,要依据不同品种的风险状况及民政、农业部门的相关规定,科学合理地设置相对免赔。

(一)什么是农业保险?

农业保险是国家推出的一项惠农政策。农业受气候灾害、地质灾害、病虫害等影响很大,通过购买保险,农户能在收到灾害影响后,获得保险公司的理赔,从而将农业损失降到最低。目前中央财政保费补贴涵盖种植、养殖、林业三大类15个品种,基本覆盖了主要的大宗农产品,各级财政合计保费补贴比例平均达到75%~80%。

第十五章 农业保险政策

当前我国正处于推进农业现代化的新时期,农业生产逐步向适度规模经营转变,投入的规模更大、面临的风险更高,因此我们干农业的,应该学会利用国家的农业保险来降低自己的投资风险。

(二)什么是绝对免赔额?

比如你买的小麦保险,最高赔偿额是300元/亩,保险公司设置的绝对免赔额30元(10%),那么如果发生了灾害,你的损失在30元以内,保险公司不予赔偿。只有在发生灾害后,你的损失在30元以上300元以下,保险公司才会赔偿。取消绝对免赔额后,意味着你花同样的保费,能够得到更高的赔偿。

(三)国家如何补贴保费?

由于我国幅员辽阔,各地农业的发展情况和面临的风险各不相同,比如海南受台风灾害较多,西南地区受泥石流等灾害较多,中原地区受干旱灾害较多,因此各省农业保险的品种、范围、保费以及赔偿金额都不一样。以山东为例,山东2015年对小麦、玉米和棉花保险费率进行调整,小麦保费由每亩10元提高到15元,保险金额由每亩320元提高到375元;玉米保费由每亩10元提高到15元,保险金额由每亩300元提高到350元;棉花保费由每亩18元提高到30元,保险金额由每亩450元提高到500元。为规范作物签约期,避免承保公司补贴资金跨年度挂账问题,小麦签约期调整为每年的1月20日前,玉米为7月15日前,棉花为5月31日前。

保费补贴方面,山东为国家和省级财政负担50%、地方财政负担30%,农户负担20%的比例给予补贴,也就是说,山东农民一亩小麦地保费15元,自己只需要交3元就可以,如果发

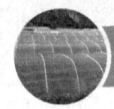

生灾害，保险公司最高会赔偿375元/亩。

（四）如何购买和理赔？

签定合同。在自愿的基础上，以村为单位统一投保，投保单位与承保公司签订保险合同（附参保农户投保明细单，同时提供投保农户身份证号及一卡通账号）。村里没有统一投保的，投保农户与承保公司签订保险合同，投保人应及时缴纳应承担的保费。保险合同须按品种（小麦、玉米、棉花等）签署，保费须按品种缴纳。投保农户不缴费，财政不补贴。

定损理赔农户如在合同期内发生了灾害，首先要及时通知所在村协保员或镇（区）"三农"保险服务站，由镇（区）、村协保员把受灾情况核实后报送保险机构；其次要保护好受灾现场，未经保险公司允许，不能随意对灾害现场进行处理；随后，保险机构和政府相关部门将联合对受灾情况进行查勘定损，保险公司将根据规定进行理赔公示，无异议后向受灾农户发放赔款。

争议处理：农户或农业生产经营组织与农业保险经办机构因保险事宜发生争议，可通过自行协商解决，也可向当地政策性农业保险工作机构或政府申请调解；如调解无法达成一致，可申请仲裁或向当地人民法院提起诉讼。

（五）投保者需要注意什么？

（1）投保者在决定投保前，须详细了解保费补贴政策、投保单上的重要提示和保险条款（特别是保险责任、责任免除、被保险人义务等）；同时，投保单必须由投保人亲自填写，集体投保的被保险人要在投保农户清单上签字确认；另外，投保后，必须妥善保管好保险单和发票。

(2)投保者如实填报姓名、保险的作物、面积、身份证号、联系方式、地块位置以及用于领取赔款的资金账号等识别信息。

农业有风险,受自然灾害的影响比较大,但国家通过政策性农业保险,以补贴保费的形式,降低了农业投资者的风险。

二、中央财政农业保险保险费补贴制度

财政部印发《中央财政农业保险保险费补贴管理办法》(财金〔2016〕123号)(以下简称《保险费补贴管理办法》),进一步规范补贴资金预算管理和拨付流程,增加了追究审批责任的内容,引入了"无赔款优待"等鼓励农户投保,对中介机构行为进行了规范,并引导保险公司降低保险费率,加强承保理赔管理等,不断提高保障水平和服务质量。

《保险费补贴管理办法》坚持"用机制理财,用制度管事"的基本理念,最大限度减少自由裁量权,切实发挥好财政资金的使用效益;坚持"政府引导、市场运作、自主自愿、协同推进"的基本原则,逐步构建市场化农业生产风险分散机制,更好服务"三农";坚持"中央保大宗、保成本,地方保特色、保产量"的基本要求,以建立多层次农业保险体系,满足多样化农业保险需求。《保险费补贴管理办法》主要内容如下。

一是补贴政策。按照事权与支出责任相适应的要求,明确中央财政提供保险费补贴的农业保险标的为关系国计民生和粮食、生态安全的主要大宗农产品。同时,鼓励各地结合本地实际和财力状况,对特色险种给予一定的保险费补贴支持。

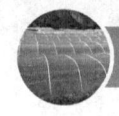
农业支持保护政策

二是保险方案。在已出台监管政策基础上，对补贴险种保险条款与费率、保险责任、保险金额等内容做了进一步明确和完善。要求经办机构在充分听取有关政府部门和农民意见的基础上拟订条款和费率，不得设置绝对免赔，科学合理设置相对免赔。同时，经办机构连续3年获得超额利润的，原则上应当适当降低保险费率等。

三是保障措施。为切实保障国家的惠农政策落到实处，要求各地和经办机构应当结合实际，研究制定查勘定损工作规范，做到同一地区统一程序、统一标准，并增加了鼓励各地对经办机构开展的业务给予支持的内容。实际工作中，地方财政可按规定通过预算安排资金，支持农业保险工作开展。

四是预算管理。根据近年来预算和国库支付管理的有关规定，明确了预算编制、申请、结算、资金拨付等内容，并明确中央财政农业保险保险费补贴纳入专员办审核范围。对资金使用效率较低的，财政部将收回中央财政补贴结余资金，并酌情扣减该地区当年预拨资金。

五是机构管理。《保险费补贴管理办法》明确了加强经办机构管理的具体举措，包括按照公平、公正、公开和优胜劣汰的原则，评选符合条件的经办机构、不得违规向中介机构支付手续费等。

第十六章
扶持农业产业化发展政策

一、扶持农业产业化发展政策

扶持农业产业化发展，是农业综合开发延长和完善农业产业链条、推进农业和农村经济结构调整的重要方式。在当前农业生产成本攀升、资源环境硬约束加剧的新态势下，迫切需要强化农业综合开发扶持产业化发展的作用，在扶持方式、扶持对象、扶持方向和扶持环节上开辟新路径、挖掘新潜力，加快转变农业发展方式，实现农业提质增效、农民持续增收。

（一）指导思想

深入贯彻落实2015年中央一号文件和国家农业综合开发联席会议精神，以"优化布局、突出优势、精准扶持、提高效益"为主线，以促进农村一二三产业融合发展、农民持续增收为目标，以打造农业优势特色产业集群为着力点，通过优选产业范围、改进扶持方式、优化管理机制，培育和壮大新型农业经营主体，吸引多元资本扩大投入，推进农业适度规模经营,探索进一步提高农业综合开发扶持产业化发展的有效途径。重点实现"三个转变"。一是扶持定位从项目向产业转变。通过集中投入、合力支持区域优势特色产业,实现节本降耗、提质增效。二是实施主体从单一化向多元化转变。加大对适度规模经营的新型农业经营主体的扶持力度,并推行同一产业多主体共同申报、协同发展机制。三是项目资金从"主导"向"引导"转变。以项目为平台,发挥财政资金的引导和杠杆作用,吸引金融资本和社会资本等其他资金的投入,扩大资金盘面,合力支持和发展优势特色产业。

(二)基本原则

1. 找准关键,集中投入

将有限的农业综合开发财政资金集中投入到支持区域农业优势特色产业中,解决项目小而分散、效益不高的问题,充分发挥产业集聚所具有的节约成本、促进创新、刺激经济增长的效应,提高农业综合开发财政资金的使用效率。

2. 立足禀赋,打造优势

充分发挥区域资源禀赋特色,重点发展比较优势突出的特色产业,促进生产要素在空间和产业上的优化配置,提高农业产业专业化程度和产出效率。通过优势特色产业的集聚和提升,将比较优势转化为产业优势、产品优势、竞争优势。

3. 面向市场,提升价值

根据市场需求,优化产业和品种结构,突出品质特色、功能特色、季节特色等,满足市场多样化、优质化、动态化的需求。根据市场变化和发展趋势,对拟扶持的优势特色产业建立动态管理机制,提高产业扶持的精准性。

4. 延伸链条，集约开发

围绕区域优势特色产业，合理确定产业化经营项目扶持主体和内容，着力于产业发展关键环节，延伸特色产业链条和提高产品附加值。优势特色产业集群建设与高标准农田建设的配套衔接，最大限度发挥农业综合开发的集成效应和示范效应，提高优势特色产业综合竞争力。

（三）目标任务

从2016年开始，农业综合开发产业化经营项目集中支持区域农业优势特色产业。对纳入农业综合开发优先扶持范围的优势特色产业，通过重点扶持、连续扶持，力争用3年时间，在各农业综合开发县初步形成1~2个优势特色产业，以省为单位各形成10个左右、在全国初步形成百个资源比较优势大、产业链条延伸长、一二三产业融合发展、示范带动作用强的区域农业优势特色产业集群，撬动金融资本和社会资本等其他资金投入，推动一批新型农业经营主体发展壮大，显著提升农业综合开发效益和水平，使农业综合开发成为推动农业优势特色产业发展、转变农业发展方式、推动农业现代化建设和促进农民持续增收的重要力量。

（四）扶持范围

产业化经营项目所扶持产业以纳入《全国农业综合开发扶持农业优势特色产业规划》（以下简称《农业优势特色产业规划》）的产业为主。鼓励各省级农发机构在本区域内确定10个左右的重点农业优势特色产业。各县级农发机构原则上在本区域农业优势特色产业范围内择优选项。针对本区域范围内的农业优势特色产业，找准产业链条中的关键环节、薄弱环节进行重点扶持、连续扶持，打造完整的产业链条，做大做强区域农业优势特色产业。

（五）扶持内容

扶持内容主要围绕完善农业优势特色产业链展开，具体包括：种植业涉及的种苗繁育、标准化种植基地、农产品储藏保鲜、废弃物加工利用等；养殖业涉及的种畜禽（包括水产）繁育、标准化养殖基地、畜禽（包括水产）交易场所、饲草种植、饲料加工、粪污无害化处理、有机肥加工等；加工及流通业涉及的加工基地、原料仓储、成品储藏保鲜、冷链物流、产地批发市场等。同时，鼓励发展"互联网+农业"，积极支持优势特色农产品电子商务平台建设。

（六）扶持方式

充分发挥财政资金对金融资本和社会资本的引领和杠杆作用，调整和完善财政资金对农业优势特色产业的扶持方式，逐渐形成以贷款贴息为主、以财政补助为辅、财政股权投资基金等多种形式并存的多元化扶持体系。贷款贴息项目优先扶持实力较强、规模较大、示范带动作用显著的农业产业化龙头企业和农民合作社。财政补助项目优先扶持农民合作社、家庭农场、专业大户及农业社会化服务组织等。鼓励和引导有条件的地区采取财政股权投资基金、贷款项目担保基金等扶持方式，发挥财政资金"四两拨千斤"的作用，撬动更多金融资本和社会资本支持优势特色产业发展。同时，鼓励地方积极探索有利于扩大社会资本投入、壮大优势特色产业集群的其他扶持方式。

(七)工作要求

1. 加强组织落实

各省级农发机构可参照国家农发办发布的农业综合开发产业化经营项目申报指南和上一年度项目执行情况,制定符合省情的年度申报指南,明确具体扶持政策。并于国家农发办发布农业综合开发产业化经营项目申报指南之日起一个月内下发至县级农发机构。

2. 注重资金整合

按照"规划先行、加强衔接、统筹安排、突出重点、讲求实效"的原则,统筹相关支农涉农资金,着力整合农发资金和金融资本、社会资本,加强项目间的有机衔接,形成扶持优势特色产业发展的强大合力。

3. 鼓励先行先试

鼓励地方积极探索、创新产业化经营项目扶持方式,撬动金融资本和社会资本,加大投入,提高农发资金使用效率,实现农发资金与金融资本、社会资本的有效配合和良性互动。鼓励有条件的地方进行先行先试,报经国家农发办同意后予以实施。

4. 及时总结完善

各地要进一步加强调查研究,及时掌握和跟踪优势特色产业发展和项目运行情况,不断总结经验,针对存在问题,适时完善相关政策措施,确保农业综合开发扶持优势特色产业取得预期成效。国家农发办将各省份扶持农业优势特色产业工作开展情况,纳入省级农发机构管理工作综合考核范围予以考核。对工作积极性高、优势特色产业发展成效明显的省份,在下一规划周期的资金分配中予以倾斜。

二、关于调整和完善扶持农业产业化发展政策

为进一步完善现行农业综合开发政策，围绕打造区域农业优势特色产业集群，促进农业产业化发展，推进现代农业建设，结合农业综合开发工作实际，现将农业综合开发扶持农业产业化发展相关政策调整如下。

（1）产业化经营项目由省级农发机构组织项目申报和审核批复，并及时报国家农业综合开发办公室（以下简称国家农发办）备案。国家农发办不再组织专家进行抽查审核和文件核准。对备案材料不齐全或不符合要求的，将告知相关省级农发机构补正有关材料。

从2016年起，各省不再编制产业化经营项目年度滚动计划。

（2）在工商部门注册1年以上、具备可持续经营能力的龙头企业和农民合作社，均可申报产业化经营项目。取消企业所需原材料的70%以上来自企业注册地、两年连续盈利、资产负债率、银行信用等级、"三不欠"、固定资产净值等的规定。

经有权部门认定或登记的专业大户、家庭农场、社会化服务组织等新型农业经营主体，可纳入产业化经营项目扶持范围，不受独立法人资格条件的限制。

（3）单个财政补助项目的财政资金申请额度不高于自筹资金额度，单个贷款贴息项目的贷款额度一般不高于1亿元人民币。申请额度下限由各省根据实际情况自行确定。

（4）各类资金投入比例，具体包括财政补助与贷款贴息

的比例、财政补助中用于龙头企业和其他新型农业经营主体的比例、两类试点项目与一般项目的比例、贷款贴息中用于固定资产贷款贴息与流动资金贷款贴息的比例等,由各省根据实际情况自行确定。

(5)鼓励各省实行财政补助项目资金"先建后补"的管理方式。实行"先建后补"管理方式的项目,应坚持按照国家农业综合开发项目管理和县级报账制的有关要求,项目立项批复后先实施、后报账,待项目全部完工、经县级财政部门和农发机构验收合格后,再予以报账。报账凭证的日期可以追溯到县级财政部门和农发机构正式行文上报日(项目可行性研究、初步设计、环境评估等前期费用除外)。拟实行财政资金"先建后补"管理方式的省份,须报国家农发办备案,并结合当地情况制定具体操作办法。

(6)有条件的省份,可积极探索采取财政股权投资基金等投入方式,扶持农业产业化发展。拟实行财政股权投资基金扶持方式的省份,须报经国家农发办批准后实施。

(7)鼓励部分财政资金的投入由农民或农民通过合作社对龙头企业持股。龙头企业带动产业发展和"一县一特"产业发展试点项目由农民或农民通过合作社对龙头企业持有的股份,其持股、分红和退出方式等具体政策,由各省根据实际情况自行制定。

(8)鼓励各省实行产业化经营项目县级竞争选项制度。取消对上市公司申请财政资金扶持的限制,鼓励上市公司及其控股公司等到优势特色农产品产地投资建设原料基地和加工基地。对于在异地建设生产基地的农业产业化龙头企业,允许在项目所在地申报产业化经营项目。

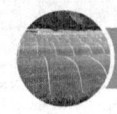
农业支持保护政策

（9）关于产业化经营项目的招标政策，根据《工程建设项目招标范围和规模标准规定》（国家发展计划委员会2000年第3号令）的规定，施工单项合同估算价在200万元人民币以下的，重要设备、材料等货物采购单项合同估算价在100万元人民币以下的，勘察、设计、监理等服务的采购单项合同估算价在50万元人民币以下的，国有资金投资不控股或不占主导地位的，可不进行招标。

三、农业补贴重大变化

国家农业综合开发办发布的《关于调整和完善农业综合开发扶持农业产业化发展相关政策的通知》（国农办〔2015〕52号），对2016年农业补贴变化作出了说明。其中，农业补贴的申请有哪些变化？对农业经营主体有些什么利好？

变化一：农业大户也能申项目，不再要求是独立法人

新政策规定，经有关部门认定或登记的专业大户、家庭农场、社会化服务组织等新型农业经营主体，都可以纳入产业化经营项目的扶持范围，不再受独立法人资格条件的限制。

惠农补贴申请的门槛进一步放宽。例如你没在工商部门注册不要紧，只要是在相关部门登记就行。农业大户、家庭农场都可以申请项目，国家对新型农业经营主体的扶持会越来越多。

变化二：申请主体不必"两年连续盈利"，申报材料简化

对于农民合作社和龙头企业来说，只要是在工商部门注册1年以上、具备可持续经营能力，都能够申报产业化经营项目。这次的政策规定，申报材料中取消"70%以上来自企业

注册地、两年连续盈利、资产负债率、银行信用等级、'三不欠'、固定资产净值"等规定。也就是说，申报材料简化了。农业经营主体可腾出更多的精力把项目做精、做扎实。

变化三：对于财政资金的投入，农民也能持股

这次政策明确：鼓励部分财政资金的投入，由农民或农民通过合作社，对龙头企业持股。

通常来看，国家的农业产业化经营都是采取"龙头企业+农户""龙头企业+专业合作经济组织+农户"等组织形式。现在农民和企业是一体的，但是持股和不持股的角色就有很大不同了。如果农民能够在投入资金中持股，就意味着能够享受分红。如果企业经营得好，农民既有工资、又能分红，收益肯定比光给企业打工强多了。

变化四：鼓励各省实行资金"先建后补"

新政策提出，各省可以实行"先建后补"，项目立项批复后先实施、后报账，待项目全部完工、经县级财政部门和农发机构验收合格后，再予以报账。

农业经济组织不用等钱再建设，申请成功后即可开始项目建设，只要留好各种票据，到项目结算时都给补上。不过，项目可行性研究、初步设计、环境评估等前期费用不能报。

四、如何申报国家农业发展项目

（一）国家农业综合开发产业化发展项目申报工作程序

1. 进一步明确扶持范围和重点

农业综合开发扶持农业产业发展，要全面贯彻落实中央

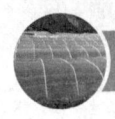
农业支持保护政策

关于"三农"工作的决策部署,适应市场经济下农村改革发展要求,以促进农民持续增收和农业现代化为目标,以专业大户、家庭农场、农民合作社和涉农企业等为扶持对象,以贴息、补助等方式带动更多的社会资本投入为手段,积极培育新型农业经营主体,大力发展农业优势产业,着力构建高标准农田和配套产业有机结合、农业产加销紧密衔接、农村一二三产业深度融合的现代农业产业体系,全面提升农业竞争力和可持续发展能力。

要认真落实农业综合开发扶持农业优势特色产业规划要求,大力扶持经济林及设施农业种植基地、养殖基地、农产品加工、农产品流通设施、农业社会化服务体系等建设,优先扶持以基地建设、新技术和新品种引进与推广、种养业废弃物综合利用等为主要内容的项目。要加大贴息力度,重点扶持涉农企业、农民合作社等。财政补助重点用于扶持农民合作社、家庭农场等。各类扶持方式资金投入比例,由各省、自治区、直辖市、计划单列市、新疆生产建设兵团、黑龙江省农垦总局、广东省农垦总局农业综合开发机构(以下简称省级农发机构)根据实际情况自行确定。

2.适当简化贴息项目申报程序

贴息项目应优先支持农业综合开发扶持农业优势特色产业规划的产业。对于未列入农业优势特色产业规划但市场发展前景好、示范带动作用强的其他产业,也可列入扶持范围。贴息贷款由银行业金融机构发放,贷款用途符合国家金融政策和农业综合开发产业化发展项目扶持范围,贷款期限、贴息期限及额度等符合规定要求,项目申报材料齐全完整。

要适当简化贴息项目申报程序,采取先确定范围、后据实结算方式,根据当地扶持重点,建立拟贴息项目单位名录并主动提供给金融机构,次年根据实际获得的贷款及付息进行贴息结算。贴息范围为列入当年拟贴息名录的项目单位在当年会计年度实际发生并已经支付的贷款利息。贴息期限为当年1月1日至12月31日,贴息率不高于同期中国人民银行公布的同档次人民币贷款基准利率,单个贴息项目的财政资金贴息额度不高于500万元。贴息资金在第二年结算,项目明确为第二年度贴息项目。拟申请贴息项目的单位,可以直接向所在地农发机构申报,也可以通过金融机构向所在地农发机构推荐。

有条件的地方,可以积极探索采取担保补贴等方式,解决新型农业经营主体贷款难问题,促进农业产业发展。

3. 切实规范补助项目申报工作

财政补助项目要符合当地农业综合开发扶持农业优势特色产业规划,有助于补齐农业产业链条短板,提高农业产业整体发展能力和竞争力;资源优势突出,区域特色明显;市场潜力较大,辐射带动能力强,显著带动农民增收,预期效益好;建设方案、产品技术和工艺路线合理,项目建设符合生态环境保护和资源节约利用要求,有利于促进农业可持续发展;投资估算合理,自筹资金来源有保障,筹资方案可行;土地流转用地或项目建设用地手续合法。

鼓励财政补助项目实行"先建后补"管理方式。单个财政补助项目的财政资金申请额度不高于自筹资金额度。

4. 客观确定项目申报单位条件

申报项目的涉农企业应具有法人资格;工商管理部门注册登记且经营一年以上,具有一定的经营规模和持续经营

农业支持保护政策

能力,有较强的经济实力和自筹资金能力;没有不良诚信记录;建立了符合市场经济要求的经营管理制度和机制,管理规范。

申报项目的农民合作社应具有法人资格;注册登记且经营一年以上;没有不良诚信记录,具备持续经营能力和相应的项目建设与经营管理能力;符合农民合作社有关规定,产权明晰,章程规范,运行机制合理,管理比较规范,示范带动作用强。

其他新型农业经营主体申报项目的要求由各省根据实际情况自行确定。

同一项目单位在同一年度内(以资金安排年度为准)只能获得一种农业综合开发财政资金扶持方式。

5. 不予受理的项目

对国家产业政策限制和淘汰的相关项目(参见国家发展与改革委员会《产业结构调整指导目录〔2013年本〕》)、列入中国国家重点保护野生动植物名录和有关野生动植物保护国际公约附录的动植物加工流通项目、已申报2017年农业综合开发部门项目的单位申报的项目、有不良诚信记录或被列入黑名单的涉农企业和农民合作社等申报的项目、其他未按规定申报的项目等,不予受理。

6. 其他工作要求

(1)省级农发机构要根据实际情况,细化国家农业综合开发办公室(以下简称国家农发办)有关要求,及时发布申报指南并报国家农发办,明确项目申报单位需提供的相关材料并要求项目申报单位确保项目申报材料的真实可靠与完整,指导基层农发机构做好项目申报工作。

（2）地方各级农发机构要公开项目申报要求，认真组织符合要求的项目申报单位申报项目，认真审核申报材料，如发现有弄虚作假、违规操作等情况，按《农业综合开发财政资金违规违纪行为处理办法》（财发〔2011〕7号）等规定处理。要按照公平、竞争、规范的原则筛选拟上报扶持的产业化发展项目。

（3）省级农发机构要提前安排布置有关工作。要认真组织项目评审（也可根据有关规定下放项目评审权限），通过互联网等媒介向社会公示拟立项扶持的项目，及时向下一级农发机构批复年度实施计划，并报国家农发办备案。省级农发机构一般应于每年3月底前将贴息项目单位名录汇总表报国家农发办，次年3月底前报贴息资金结算备案材料，中央财政农业综合开发资金指标下达后5个月内报补助项目备案材料，并同时抄送财政部驻当地财政监察专员办事处。其中贴息资金结算备案材料包括贴息资金审核报告和贴息资金汇总表，补助项目备案材料包括备案文件（应说明拟扶持产业化发展项目基本情况、项目申报和评审情况等）、项目备案汇总表、项目实施计划汇总表等。

（二）国家有关部委农业产业化项目申报程序

农业产业化项目，一般是由各市县的农业（农经）部门或省级相关单位具体组织管理和实施，各省（市、区）农业厅做好监督检查。

1. 项目申报受理单位：供销合作总社、农业综合开发办

项目名称：农业综合开发产业化经营项目、土地治理项

支持范围：种植、养殖基地和设施农业项目；棉花、果蔬、茶叶、食用菌、花卉、蚕桑、畜禽等农产品加工项目；储藏保鲜、产地批发市场等流通设施项目。

资金补助数额：80万~160万元

申请申报时间：3月

2. 项目申报受理单位：科技厅、科委

项目名称：农业科技成果转化

支持范围：现代种业、食品加工、饲料、生物农药、农业机械装备、生物质利用与生物能源、林产加工、乡村环保、乡村物流等涉农产业的重大技术成果转化

资金补助数额：100万~300万元

申请申报时间：4月

3. 项目申报受理单位：农业部

（1）项目名称：农产品促销项目资金

支持范围：主要用于组织农产品海外市场促销、开展国内市场产销对接、网络促销、市场开拓等方面

资金补助数额：10万~80万元

申请申报时间：6月

（2）项目名称：国家现代农业示范区旱涝保收标准农田示范项目

支持范围：选择国家新增千亿斤粮食生产能力规划确定的800个产粮大县（场）以外的国家现代农业示范区建设旱涝保收标准农田的示范项目

资金补助数额：600元/亩，单项不超过10 000亩

申请申报时间：5月

(3) 项目名称：扶持"菜篮子"产品生产项目

支持范围：重点扶持蔬菜（包括食用菌和西甜瓜等种类），适当兼顾果、茶，每个设施基地200亩以上（设施内面积，下同），每个露地基地1 000亩以上

资金补助数额：5 000元/亩，不超过300万元

申请申报时间：7—8月

(4) 项目名称：种子工程植保工程储备项目

支持范围：从事蔬菜集约化育苗3年以上、已有年培育蔬菜优质适龄壮苗500万株以上能力，近3年内未出现假劣种苗问题

资金补助数额：中央资金500万元内

申请申报时间：5—6月

4. 项目申报受理单位：财政部

(1) 项目名称：龙头企业带动产业发展和"一县一特"产业发展试点项目

支持范围：农业基础设施、良种繁育、农业污染物防治、废弃物综合利用和社会化服务体系等公益性项目建设，以及新产品新技术推广应用、农产品精深加工等

资金补助数额：500万~800万元

申请申报时间：10月

(2) 项目名称：一般产业化项目扶持

支持范围：农产品、经济林及设施农业种植、畜禽水产养殖等种植养殖基地，农产品加工，储藏保鲜、产地批发市场等流通设施

资金补助数额：50万~150万元

申请申报时间：10月

5. 项目申报受理单位：农业部、财政部

项目名称：农产品产地初加工补助项目

支持范围：重点扶持农户和农民专业合作社建设马铃薯贮藏窖、果蔬通风库、冷藏库和烘干房等产地初加工设施

资金补助数额：先建后补，是具体情况

申请申报时间：9月

6. 项目申报受理单位：供销合作总社

项目名称：新网工程

支持范围：农副产品及农资配送中心、连锁经营网点、批发交易市场改造；农副产品冷链物流系统改造；农副产品及农资市场信息收集与发布、农化服务体系、质量安全服务体系等公益性服务项目。

资金补助数额：200万～400万元

申请申报时间：4月

7. 项目申报受理单位：国家扶贫办

项目名称：扶贫项目

支持范围：带动农民增收性强的农产品加工产业

资金补助数额：500万元

申请申报时间：不定

8. 项目申报受理单位：农业综合开发办公室

（1）项目名称：现代农业园区试点申报立项

支持范围：优质高产粮食生产基地、名特优新经济作物（或林果业）规模种植基地、粮食等农产品精深加工和冷链物流、生态观光休闲农业等各类功能区

资金补助数额：1 000万～2 000万元

申请申报时间：5月

（2）项目名称：中型灌区节水配套改造项目

支持范围：粮食主产区，灌区位于或跨越农业综合开发县（市、区），灌溉面积为5万~30万亩

资金补助数额：单个项目的总费用不超过2 000万元

申请申报时间：8月

（3）项目名称：农业综合开发产业化经营项目

支持范围：种植、养殖基地和设施农业项目；棉花、果蔬、茶叶、食用菌、花卉、蚕桑、畜禽等农产品加工项目；储藏保鲜、产地批发市场等流通设施项目

资金补助数额：300万元

申请申报时间：6月底

（4）项目名称：农业综合开发专项—园艺类良种繁育及生产示范基地项目

支持范围：品种具有明显的比较优势、特色优势和出口优势。具有良好的经济效益，且辐射带动能力强，促进周边群众增收作用显著

资金补助数额：150万元

申请申报时间：6—8月

9. 项目申报受理单位：各省发改委、商务厅

项目名称：冷链物流和现代物流项目

支持范围：仓储设施、运输工具

资金补助数额：100万元

申请申报时间：7月

第十七章
粮食产业支持和保护政策

一、调整完善农业三项补贴政策

近年来,党中央、国务院高度重视农业补贴政策的有效实施,明确要求在稳定加大农业补贴力度的同时,逐步完善农业补贴政策,改进农业补贴办法,提高农业补贴政策效能。遵照党的十八届三中全会和近年来每年的中央一号文件关于完善农业补贴政策、改革农业补贴制度的要求和党中央、国务院统一决策部署,财政部、农业部针对农业补贴政策实施过程中出现的突出问题,深入开展调查研究,在充分征求和广泛听取各方面意见的基础上,提出了调整完善农业补贴政策的建议,经国务院同意,决定从2015年调整完善农作物良种补贴、种粮农民直接补贴和农资综合补贴等三项补贴政策(以下简称农业"三项补贴")。

第十七章　粮食产业支持和保护政策

（一）在全国范围内调整20%的农资综合补贴资金用于支持粮食适度规模经营

1. 必要性

自2004年起，国家先后实施了农业"三项补贴"，对于促进粮食生产和农民增收、推动农业农村发展发挥了积极的作用，但随着农业农村发展形势发生深刻变化，农业"三项补贴"政策效应递减，政策效能逐步降低，迫切需要调整完善。

一是转变农业发展方式迫切需要调整完善农业"三项补贴"政策。我国农业生产成本较高，种粮比较效益低，主要原因就是农业发展方式粗放，经营规模小。受制于小规模经营，无论是先进科技成果的推广应用、金融服务的提供、与市场的有效对接，还是农业标准化生产的推进、农产品质量的提高、生产效益的增加、市场竞争力的提升，都遇到很大困难。因此，加快转变农业发展方式，强化粮食安全保障能力，建设国家粮食安全、农业生态安全保障体系，迫切需要调整完善农业"三项补贴"政策，加大对粮食适度规模经营的支持力度，促进农业可持续发展。

二是提高政策效能迫切需要调整完善农业"三项补贴"政策。在多数地方，农业"三项补贴"已经演变成为农民的收入补贴，一些农民即使不种粮或者不种地，也能得到补贴。而真正从事粮食生产的种粮大户、家庭农场、农民合作社等新型经营主体，却很难得到除自己承包耕地之外的补贴支持。农业"三项补贴"政策对调动种粮积极性、促进粮食生产的作用大大降低。因此，增强农业"三项补贴"的指向性、精准性和实效性，加大对粮食适度规模经营支持力度，提高农业"三项补贴"政策效能,迫切需要调整完善农业"三项补贴"政策。

2. 基本内容

根据当前化肥和柴油等农业生产资料价格下降的情况,各省、自治区、直辖市、计划单列市要从中央财政提前下达的农资综合补贴中调整20%的资金,加上种粮大户补贴试点资金和农业"三项补贴"增量资金,统筹用于支持粮食适度规模经营。支持对象为主要粮食作物的适度规模生产经营者,重点向种粮大户、家庭农场、农民合作社、农业社会化服务组织等新型经营主体倾斜,体现"谁多种粮食,就优先支持谁"。

支持发展多种形式的粮食适度规模经营,既可以支持以土地有序流转形成的土地适度规模经营,也可以支持土地股份合作和联合或土地托管方式、龙头企业与农民或合作社签订订单实现规模经营的方式、农业社会化服务组织提供专业的生产服务实现区域规模经营等其他形式的粮食适度规模经营。

各地要坚持因地制宜、简便易行、效率与公平兼顾的原则,采取积极有效的支持方式,促进粮食适度规模经营。重点支持建立完善农业信贷担保体系。通过农业信贷担保的方式为粮食适度规模经营主体贷款提供信用担保和风险补偿,着力解决新型经营主体在粮食适度规模经营中的"融资难""融资贵"问题。支持粮食适度规模经营补贴资金,主要用于支持各地尤其是粮食主产省建立农业信贷担保体系,推动形成全国性的农业信用担保体系,逐步建成覆盖粮食主产区及主要农业大县的农业信贷担保网络,强化银担合作机制,支持粮食适度规模经营。也可以采取贷款贴息、现金直补、重大技术推广与服务补助等方式支持粮食适度规模经营。对粮食适度规模经营主体贷款利息给予适当补助(不超过贷款利息的50%)。现金直补要与主要粮食作物的种植面积或技术推广服务面积挂钩,单户补贴要设置合理的补贴规模上限,防止"垒大户"。对重大技术推广与服务补助,可以采取"先服务后补助"、提供物化补助等方式。

(二)选择部分地区开展农业"三项补贴"改革试点

1. 必要性

我国作为世界贸易组织成员,对农业的补贴受到世界贸易组织规则的约束。继续增加现有补贴种类的总量,将使我国在世界贸易组织规则总体范围内的支持空间进一步缩小,不利于我国充分利用规则调动种粮农民积极性、进一步提高种粮农民收入水平。因此,需要改革现有农业"三项补贴"制度,将一部分农业补贴转为在世界贸易组织规则中使用不受限制的补贴,如对耕地资源的保护等。同时,加大对粮食适度规模经营的支持力度。为积极稳妥推进改革,有必要选择一部分地区开展试点。

2. 试点内容

2015年,财政部、农业部选择安徽、山东、湖南、四川和浙江等5个省,由省里选择一部分县市开展农业"三项补贴"改革试点。试点的主要内容是将农业"三项补贴"合并为"农业支持保护补贴",政策目标调整为支持耕地地力保护和粮食适度规模经营。一是将80%的农资综合补贴存量资金,加上种粮农民直接补贴和农作物良种补贴资金,用于耕地地力保护。补贴对象为所有拥有耕地承包权的种地农民,享受补贴的农民要做到耕地不撂荒,地力不降低。补贴资金要与耕地面积或播种面积挂钩,并严格掌握补贴政策界限。对已作为畜牧养

农业支持保护政策

殖场使用的耕地、林地、成片粮田转为设施农业用地、非农业征（占）用耕地等已改变用途的耕地，以及长年抛荒地、占补平衡中"补"的面积和质量达不到耕种条件的耕地等不再给予补贴。同时，要调动农民加强农业生态资源保护意识，主动保护地力，鼓励秸秆还田，不露天焚烧。用于耕地地力保护的补贴资金直接现金补贴到户。二是20%的农资综合补贴存量资金，加上种粮大户补贴试点资金和农业"三项补贴"增量资金，按照全国统一调整完善政策的要求支持粮食适度规模经营。

其他地区也可根据本地实际，比照试点地区的政策和要求自主选择一部分县市开展试点，但试点范围要适当控制。2016年，农业"三项补贴"改革将在总结试点经验、进一步完善政策措施的基础上在全国范围推开。

（三）切实做好调整完善农业"三项补贴"政策的各项工作

调整完善农业"三项补贴"政策事关广大农民群众利益和农业农村发展大局，事关国家粮食安全和农业可持续发展大局。地方各级人民政府及财政部门、农业部门要充分认识调整完善农业"三项补贴"政策的重要意义，统一思想，高度重视，精心组织，明确责任，加强配合，扎实工作，确保完成调整完善农业"三项补贴"政策的各项任务。

1.切实加强组织领导

调整完善农业"三项补贴"政策由省级人民政府负总责。地方各级财政部门、农业部门要在人民政府的统一领导下，加强对具体实施工作的组织领导，建立健全工作机制，明确工作责任，密切部门合作，确保工作任务和具体责任落实到位，确保调整完善农业"三项补贴"政策的各项工作落实到位。地方各级财政部门要安排相应的组织管理经费，保障各项工作的有序推进。

2. 认真制定具体实施方案

各省级财政部门、农业部门要结合本地实际，在充分听取各方面意见的基础上，认真制定调整完善农业"三项补贴"政策实施方案，因地制宜研究支持粮食适度规模经营的范围、支持方式，明确时间节点、任务分工和责任主体，明确政策实施的具体要求和组织保障措施。确定的具体实施方案要报请省级人民政府审定同意。各省在研究粮食适度规模经营支持方式过程中要与财政部、农业部进行沟通，省级人民政府审定的实施方案要报财政部、农业部备案。

3. 抓紧落实农业"三项补贴"政策

各地要抓紧制定2015年农业"三项补贴"政策落实方案，调整优化补贴方式，抓紧拨付80%的农资综合补贴资金和全部种粮农民直接补贴、农作物良种补贴资金，及时安全发放到农户，尽快兑付到农民手中。用于支持粮食适度规模经营的资金要抓紧研究制定具体措施，尽快落实到位。试点地区农作物良种推广可以根据需要从上级财政和本级财政安排的农业技术推广与服务补助资金中解决。

4. 切实加强农业"三项补贴"资金分配使用监管

明确部门管理职责，逐步建立管理责任体系。中央财政农业"三项补贴"资金按照耕地面积、粮食产量等因素测算切块到各省，由各省确定补贴方式和补贴标准。省级财政部

门、农业部门负责项目的组织管理、任务落实、资金拨付和监督考核等管理工作,督促市县级财政部门、农业部门要做好相关基础数据采集审核、补贴资金发放等工作。对骗取、套取、贪污、挤占、挪用农业"三项补贴"资金的,或违规发放农业"三项补贴"资金的行为,将依法依规严肃处理。

5. 密切跟踪工作进展动态

中央和省级财政部门、农业部门要密切跟踪农业"三项补贴"政策调整完善工作进展动态,加强信息沟通交流,建立健全考核制度,对实施情况进行监督检查。财政部、农业部将深入有关省开展调查研究,及时了解情况,总结经验,解决问题。同时,财政部、农业部将研究制定相关制度,适时对各地农业"三项补贴"政策落实情况进行绩效考核,考核结果将作为以后年度农业补贴资金及补贴工作经费分配的重要因素。

6. 做好政策宣传解释工作

各地要切实做好舆论宣传工作,主动与社会各方面特别是基层干部群众进行沟通交流,赢得理解和支持,为政策调整完善和改革试点工作有序推进创造良好的舆论氛围和社会环境。

二、全面推开农业"三项补贴"改革

2015年,经国务院同意,财政部、农业部印发了《关于调整完善农业三项补贴政策的指导意见》(财农〔2015〕31号),在全国范围内从农资综合补贴中调整20%的资金,加上种粮大户补贴试点资金和农业"三项补贴"增量资金,统筹用于支持粮食适度规模经营,重点用于支持建立完善农业信贷担保体系，同时选择部分省开展试点，将农作物良种补贴、种粮农民直接补贴和农资综合补贴合并为农业支持保护补贴，政策目标调整为支持耕地地力保护和粮食适度规模经营。从试点情况看，调整完善农业"三项补贴"政策方向正确，目标明确，操作简便，取得了预期效果。在总结试点经验的基础上，2016年在全国全面推开农业"三项补贴"改革，有关事项如下。

（一）重要意义

推进农业"三项补贴"改革，是按照中央"稳增长、促改革、调结构、惠民生"总体部署作出的重大政策调整，是主动适应经济发展新常态、顺应农业发展新形势的重要举措，是供给侧结构性改革在农业生产领域的具体体现。全面推开农业"三项补贴"改革以绿色生态为导向，推进农业"三项补贴"由激励性补贴向功能性补贴转变、由覆盖性补贴向环节性补贴转变，提高补贴政策的指向性、精准性和实效性。各地要充分认识全面推开农业"三项补贴"改革的重要意义，把思想和行动统一到中央的决策部署上来，精心组织，周密部署，确保改革工作平稳顺利推进。

1. 有利于提高政策的指向性、精准性和实效性

将农业"三项补贴"中直接发放给农民的补贴与耕地地力保护挂钩，明确撂荒地、改变用途等耕地不纳入补贴范围，鼓励农民秸秆还田，不露天焚烧，主动保护耕地地力，加强农业生态资源保护意识，实现"藏粮于地"，使政策目标指向更加精准，政策效果与政策目标更加一致，促进了支农政策"黄箱"改"绿箱"，进一步拓展了支持农业发展和农民增

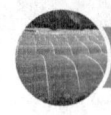

收的政策空间。同时,统一资金审核和发放程序,减少了工作环节,减轻了基层负担,节约了时间和成本,提高了工作效率。

2.有利于促进粮食适度规模经营

当前农业虽然保持增量增收的好势头,但数量与质量、总量与结构、投入与产出、成本与效益、生产与环境等方面矛盾日益上升,特别是家庭小规模经营仍占大多数,一定程度上限制了农业劳动生产率的提高,影响了农业现代化进程。通过政策引导,加快培育新型经营主体、培养新型职业农民,鼓励多种形式的粮食适度规模经营,有利于推动农业生产加快进入规模化、产业化、社会化发展新阶段,符合现代农业发展方向。

3.有利于推动农村金融加快发展

长期以来,农民"融资难、融资贵"问题始终得不到很好地解决,一定程度上影响了农业农村发展和农民增收致富。通过调整部分资金支持建立健全农业信贷担保体系,并强调其政策性、独立性和专注性,既是撬动金融和社会资本支持现代农业建设,有效缓解农业农村发展资金不足问题的重要手段,也是新常态下创新财政支农机制,放大财政支农政策效应的重要举措,同时兼顾了效率与公平,适应农业产业升级对金融支持的需要,也有利于推动农村金融发展。

(二)主要内容

2016年起,在全国全面推开农业"三项补贴"改革,即将农业"三项补贴"合并为农业支持保护补贴,政策目标调整为支持耕地地力保护和粮食适度规模经营。中央财政已将

第十七章 粮食产业支持和保护政策

2016年用于耕地地力保护的农业支持保护补贴资金全部提前下达,其中下达黑龙江省、广东省和新疆维吾尔自治区的资金,包含了需兑付给直属垦区农场和兵团团场职工的用于耕地地力保护的资金,由农业部直属垦区、新疆生产建设兵团商当地省级财政、农业部门研究落实;年度执行中下达的农业支持保护补贴资金全部用于支持粮食适度规模经营;中央财政通过上划部门预算下达农业部直属垦区、新疆生产建设兵团、中储粮总公司的农业支持保护补贴资金,全部用于支持粮食适度规模经营。

1. 加强耕地地力保护

用于耕地地力保护的补贴资金,其补贴对象原则上为拥有耕地承包权的种地农民;补贴依据可以是二轮承包耕地面积、计税耕地面积、确权耕地面积或粮食种植面积等,具体以哪一种类型面积或哪几种类型面积,由省级人民政府结合本地实际自定;补贴标准由地方根据补贴资金总量和确定的补贴依据综合测算确定。对已作为畜牧养殖场使用的耕地、林地、成片粮田转为设施农业用地、非农业征(占)用耕地等已改变用途的耕地,以及长年抛荒地、占补平衡中"补"的面积和质量达不到耕种条件的耕地等不再给予补贴。鼓励各地创新方式方法,以绿色生态为导向,提高农作物秸秆综合利用水平,引导农民综合采取秸秆还田、深松整地、减少化肥农药用量、施用有机肥等措施,切实加强农业生态资源保护,自觉提升耕地地力。

2. 促进粮食适度规模经营

用于粮食适度规模经营的补贴资金,原则上以2016年的

农业支持保护政策

规模为基数,每年从农业支持保护补贴资金中予以安排,以后年度根据农业支持保护补贴的预算安排情况同比例调整,支持对象重点向种粮大户、家庭农场、农民合作社和农业社会化服务组织等新型经营主体倾斜,体现"谁多种粮食,就优先支持谁"。各地要坚持因地制宜、简便易行、效率与公平兼顾的原则,进一步优化资源配置,提高农业生产率、土地产出率和资源利用率。鼓励各地创新新型经营主体支持方式,采取贷款贴息、重大技术推广与服务补助等方式支持新型经营主体发展多种形式的粮食适度规模经营,不鼓励对新型经营主体采取现金直补。对新型经营主体贷款贴息可按照不超过贷款利息的50%给予补助。对重大技术推广与服务补助,可以采取"先服务后补助"、提供物化补助等方式。要加快推进农业社会化服务体系建设,在粮食生产托管服务、病虫害统防统治、农业废弃物资源化利用、农业面源污染防治等方面,积极采取政府购买服务等方式支持符合条件的经营性服务组织开展公益性服务,积极探索将财政资金形成的资产折股量化到组织成员。

近几年,用于粮食适度规模经营的补贴资金,要按照财政部、农业部、银监会印发的《关于财政支持建立农业信贷担保体系的指导意见》(财农〔2015〕121号)要求,重点支持建立健全农业信贷担保体系,中央财政下达地方用于支持粮食适度规模经营的农业支持保护补贴资金统筹用于资本金注入、担保费用补助、风险补偿等方面,通过强化银担合作机制,着力解决新型经营主体在粮食适度规模经营中的"融资难、融资贵"问题,力争用3年时间建成政策性、独立性、专注于农业、覆盖全国的农业信贷担保体系。各地要充分发挥财政注入资本金的作用,尽快启动农业信贷担保业务运营,并根据业务开展情况,合理确定财政注入资本金的规模和节奏。

(三)保障措施

农业"三项补贴"改革事关广大农民群众切身利益和农业农村发展大局,事关国家粮食安全和农业可持续发展,地方各级人民政府及财政、农业部门要切实加强组织领导,细化政策措施,注重宣传引导,加大工作力度,确保完成各项改革任务。

1. 加强组织领导

农业"三项补贴"改革工作由省级人民政府负总责,地方各级财政部门、农业部门具体组织实施。要建立健全工作机制,明确责任分工,密切部门合作,抓好工作落实。要结合本地区实际,抓紧制定实施方案,务必于6月30日前将需兑现到农民手中的补贴资金发放到位,让农民群众吃上"定心丸"。要做好政策宣传和舆论引导工作,主动与社会各方面特别是基层干部和农民群众进行沟通交流,赢得理解和支持。地方各级财政部门要安排相应工作经费,保障各项工作有序推进。各省份实施方案在报送省级人民政府审定前要与财政部、农业部充分沟通,正式印发后要及时报送财政部、农业部备案。

2. 加强资金管理

中央财政农业支持保护补贴资金按照耕地面积、粮食产量、适度规模经营发展等因素测算切块到省级财政,由各省份结合本地实际确定补贴对象、补贴方式和补贴标准。省级财政、农业部门要切实做好资金拨付和监管工作,督促县级财政、农业部门做好基础数据采集审核、补贴资金发放等工

农业支持保护政策

作。农业"三项补贴"改革后,中央财政不再安排农作物良种补贴资金,各地农作物良种推广工作可以根据需要从上级和本级财政安排的农业技术推广与服务补助资金中统筹解决。对于骗取、套取、贪污、挤占、挪用农业支持保护补贴资金的,或违规发放补贴资金的行为,要依法依规严肃处理。

3. 加强督导考核

各省级财政、农业部门要密切跟踪农业"三项补贴"改革工作情况,加强信息沟通,重大问题及时报告财政部、农业部。财政部、农业部将强化监管督导检查,研究制定资金管理办法和绩效管理制度,适时对各地农业支持保护补贴政策落实情况开展绩效考核,考核结果将作为以后年度农业支持保护补贴资金分配的重要因素。

三、财政补贴支持大豆棉花目标价格改革试点

2016年中央一号文件提出,要改革完善粮食等农产品价格形成机制和收储制度。为完善大豆、棉花价格形成机制,我国从2014年起在东北(辽宁、吉林、黑龙江)和内蒙古启动了大豆目标价格改革试点,并在新疆启动了棉花目标价格改革试点。

目标价格改革其实质就是探索价补分离。财政补贴机制就是:当市场价格低于目标价格时,中央财政根据目标价格与市场价格的差价和国家统计局调查的试点省(区)大豆、棉花产量安排补贴资金,由省级政府负责将补贴资金兑付给种植者。

目标价格改革试点实施以来,中央财政积极优化财政支出结构,切实加大财政资金投入,足额保障目标价格改革补贴

资金,并指导地方不断完善补贴办法,简化操作程序,新疆等地区在兑付补贴资金方面做了大量工作。从各方面反映的情况看,财政补贴政策得到了较好的落实,改革试点取得了积极的成效。价格合理回归市场,大豆、棉花的市场供销活动趋于活跃,企业生产成本降低,特别是增强了棉纺企业竞争力,棉花库存销售明显加快。

国家财政对种植者的补贴力度也进一步加大。同2015年相比,2016年中央财政对棉花、大豆目标价格补贴的总量及补贴水平都有了进一步提高,并提前向试点省份预拨财政补贴资金,有利于切实保护好农民利益。

四、财政补贴种粮收益玉米生产者

在推动农产品价格形成机制和收储制度改革背景下,2016年国务院决定在东北(辽宁、吉林、黑龙江)和内蒙古自治区建立玉米生产者补贴制度,意味着我国针对玉米临时收储制度进行的改革正在快速推进。这是国家保障农民种粮基本收益、推动实施农业供给侧结构性改革、促进提升农业发展质量和效益的一项重要政策措施。

报经国务院同意,财政部已会同有关部门印发了《关于建立玉米生产者补贴制度的实施意见》(财农〔2016〕869号),具体补贴政策包括:

——市场定价、价补分离。即玉米价格由市场形成,同时中央财政将对东北三省和内蒙古自治区给予一定补贴,并鼓励地方将补贴资金向优势产区集中,保障优势产区玉米种植收益基本稳定。

——定额补贴、调整结构。在玉米价格由市场形成的基

础上，国家对各省（区）亩均补贴水平保持一致，补贴基期也在一定年限内保持不变，充分发挥价格对生产的调节引导作用，体现优质优价，促进种植结构调整，提高农业发展的质量和效益。

——中央支持、省级负责。根据国务院有关决定，中央财政将一定数额的补贴资金拨付至省级财政，并赋予地方自主权，由各省区制定具体的补贴实施方案，确定本省区的补贴范围、补贴对象、补贴依据、补贴标准等。

——公开透明、加强监督。补贴操作应当坚持公开透明的原则，地方政府拨付补贴资金等应当充分利用此前粮食直接补贴的工作基础，自觉接受社会有关方面的监督，切实加强组织实施，确保将国家财政补贴资金兑付给玉米生产者。东北三省和内蒙古自治区政府已初步制定了本省区玉米生产者补贴方案。财政部表示将于近期提前拨付部分补贴资金，并加大对地方的指导和督促，完善具体补贴办法，使财政补贴政策尽快落地。

保护种粮积极性财政奖励资金加大倾斜。2016年中央财政预算安排产粮大县奖励资金394亿元，比去年增加22亿元，奖励资金进一步向商品粮大省、粮油调出大县倾斜，并对黄淮海的玉米产区增加了资金安排。同时，鼓励地方加大对新型经营主体的支持力度，保护好农民的种粮积极性，并促进玉米等种植结构调整，更好地推动实现农产品收储制度改革目标。

第十八章
国家对畜牧业的扶持政策

一、对猪牛羊养殖补贴政策

第一，针对申报并实施养殖的规模和社会效应，对从事养殖的企业或个人给予建场补贴。例如，投资300万元建场，政府对您的申请进行验收，合格后给予100万元补贴。

第二，针对申报并实施的企业或个人购进的良种品种及数量进行贴息贷款或现金补贴。例如，每头良种肉牛补贴500元。

第三，针对申报并实施的养殖企业或个人给予奖金补贴。例如：响应当地政策或带动周边致富等，可直接从财政获得奖金补贴。

养猪补贴大原则：规模越大补贴越多。

（1）生猪养殖规模3 000头以上的，补贴80万元。

（2）生猪养殖规模2 000头到2 999头的，补贴60万元。

（3）生猪养殖规模1 000头到1 999头的，补贴40万元。

（4）生猪养殖规模500头到999头的，补贴20万元。

养牛补贴分两种，奶牛补贴最高。

(1)奶牛养殖1 000头以上,补贴170万元。

(2)奶牛养殖500头到999头,补贴130万元。

(3)奶牛养殖300头到499头,补贴80万元。

至于肉牛,补贴的金额不如奶牛了。肉牛养殖的补贴只有两种,一种是100头到299头养殖规模的,补贴30万元;第二种是300头以上养殖规模的,补贴50万元。

养羊补贴具体如下。

(1)养羊300只到499只的,补贴15万元。

(2)养羊500只到699只的,补贴25万元。

(3)养羊700只到999只的,补贴35万元。

(4)养羊1 000只以上的,补贴50万元。

二、对鸡鸭养殖补贴政策

鸡、鸭等常见的禽类养殖在国家的规模化标准养殖场项目中是不涉及的,但是在其他的项目,比如畜禽渔业标准化健康养殖等项目中是有资金扶持的,大概在25万元至100万元。国家出台的补贴政策主要针对具有一定规模化养殖场。标准是蛋鸡一万只以上,肉鸡养殖年出栏量要在10万只以上,并且场地建设的指标符合国家要求。需要养殖户达到指标之后申请,等批准并且验收合格之后就会发送补贴资金,对于疫病捕杀补贴补助也会有相应的金额,但具体的补贴金额要看当地政府决定。

当养殖户有《动物防疫条件合格证》之后才能申请下来补贴,养鸡补贴标准如下:

规模在1万到2万羽,补贴8万。

规模在2万到3万羽,补贴10万。

规模在3万到4万羽,补贴12万。

规模在4万到5万羽,补贴15万。

并且国家对于养鸡用到的水电也有相应的补贴政策:地下水免费用;用电价格享受农业用电价格。

三、畜禽禁养补贴政策

近年来,我国畜牧业生产发展迅猛,畜禽养殖规模不断扩大,畜禽粪便、污水、恶臭等养殖废弃物产生量也迅速增加,这导致了环境承载压力增大,畜禽养殖污染问题日益凸显。同时,畜牧业发展存在另一些问题,如养殖布局不够合理、生态养殖覆盖面和废气物深化处理能力有待提高等。为防治畜禽污染、推进畜牧业生产发展,根据三大新政,各地陆续划出禁养区,在禁养区内不得建设畜禽养殖场、养殖小区。

(一)哪些区域会被划为畜禽"禁养区"

(1)生活饮用水水源保护区、风景名胜区、自然保护区的核心区及缓冲区。

(2)城市和城镇中居民区、文教科研区、医疗区等人口集中地区。

(3)县级人民政府依法划定的禁养区域。

(4)国家或地方法律、法规规定需特殊保护的其他区域。

本办法颁布前已建成的、地处上述区域内的畜禽养殖场应限期搬迁或关闭。

(二)"禁养区"相关法律依据

1.《中华人民共和国环境保护法》

2015年1月1日施行,新《环保法》明确指出国家采取有利于节约和循环利用资源、保护和改善环境、促进人与自然和谐的经济、技术政策和措施,使经济社会发展与环境保护相协调。在新法的威慑下,畜牧养殖行业进入了环保高压期,轻则被罚款整改,重则被停产拆迁。

2.《畜禽规模养殖污染防治条例》

2014年1月1日起施行,作为国家第一部专门针对畜禽养殖污染防治的法规性文件,明确了以综合利用作为解决畜禽养殖废弃物污染问题的根本途径,为规模化养殖废弃物污染治理指出一条可持续发展之路。明确了禁养区划分标准、适用对象(畜禽养殖场、养殖小区)、激励和处罚办法。

3.《水污染的防治行动计划》

2015年4月16日印发,又称"水十条",计划提出到2020年,全国水环境质量得到阶段性改善。

明确要求,要科学划定畜禽养殖禁养区,2017年年底前,依法关闭或搬迁禁养区内的畜禽养殖场(小区)和养殖专业户,京津冀、长三角、珠三角等区域提前一年完成。

2014年禁养区政策出现以来,各地禁养运动进行得如火如荼,而2017年仍将是各地禁养区划定及禁养区内养殖场关闭拆迁较为集中的一年,也是禁养区内养殖场拆迁的最后期限,受其影响,临近12月各地纷纷划定禁养区,加快完成禁养计划。

四、畜禽养殖标准化示范创建政策

为加快转变畜牧业生产方式,不断提升畜禽养殖生产水平,农业部决定继续开展畜禽养殖标准化示范创建活动。为确保创建工作规范有序开展,制定本方案。

(一)创建目标

继续在全国生猪、奶牛、蛋鸡、肉鸡、肉牛和肉羊优势区域开展畜禽养殖标准化示范创建,在浙江、福建、江西、山东、湖北、广西、四川和青海8省区启动兔、水禽和蜜蜂养殖标准化示范创建试点,以生态养殖场示范创建为重点,通过集中培训、专家指导、现场考核,2016年再创建500个畜禽标准化示范场。

(二)基本要求

参与创建的规模养殖场生产经营活动必须遵守《中华人民共和国畜牧法》《中华人民共和国动物防疫法》《畜禽规模养殖污染防治条例》等相关法律法规,具备养殖场备案登记手续和《动物防疫条件合格证》,养殖档案完整,两年内无重大动物疫病和质量安全事件发生。

(1)生猪:能繁母猪存栏300头以上,且年出栏肥猪5 000头以上。

(2)奶牛:存栏奶牛300头以上。

(3)蛋鸡:产蛋鸡养殖规模(笼位)在1万只以上。

(4)肉鸡:单栋饲养量5 000只以上,年出栏量10万只以上。

(5)肉牛:年出栏育肥牛500头以上,或存栏能繁母牛50头以上。

(6)肉羊:农区存栏能繁母羊250只以上,或年出栏肉羊500只以上的养殖场;牧区存栏能繁母羊400只以上,或年出栏肉羊1 000只以上的养殖场。

(7)兔、水禽、蜜蜂:具体要求由各试点省结合本地实际自行确定。

（三）示范创建内容

畜禽养殖场标准化创建的主要内容有：

（1）畜禽良种化。因地制宜，选用高产优质高效畜禽良种，品种来源清楚、检疫合格。

（2）养殖设施化。养殖场选址布局科学合理，畜禽圈舍、饲养和环境控制等生产设施设备满足标准化生产需要。

（3）生产规范化。制定并实施科学规范的畜禽饲养管理规程，配备与饲养规模相适应的畜牧兽医技术人员，严格遵守饲料、饲料添加剂和兽药使用有关规定，生产过程实行信息化动态管理。

（4）防疫制度化。防疫设施完善，防疫制度健全，科学实施畜禽疫病综合防控措施，对病死畜禽实行无害化处理。

（5）粪污无害化。畜禽粪污处理方法得当，设施齐全且运转正常，实现粪污资源化利用或达到相关排放标准。

（四）重点工作

（1）开展宣传动员。各省（区、市）具体负责本区域的示范创建工作，要按照要求细化工作方案，明确工作内容和时间表；县级畜牧兽医主管部门要组织宣传发动工作，确保养殖场户知晓创建内容和要求，调动养殖场户的积极性，营造示范创建的良好氛围。

（2）加强技术支撑。各省区要结合创建活动需要，建立健全创建技术专家组考核制度，完善专家队伍，切实做到专家组人员固定、技术过硬、工作负责、公平公正的标准，要加强检查考核，对于不能发挥技术服务的，及时予以调整。

第十八章 国家对畜牧业的扶持政策

（3）确定创建单位。农业部核定不同省区标准化示范场创建数量（兔、水禽、蜜蜂示范场创建数量由试点省另行确定），分畜种创建数量由各省结合实际确定。县级畜牧兽医主管部门将自愿参与创建的养殖场户报省级畜牧兽医主管部门，省（地、市）属农场报省农垦主管部门，由省农垦部门报省畜牧兽医主管部门，省级畜牧兽医主管部门审核同意后报农业部畜牧业司备案。参与创建的养殖场户数量不得超过核定创建数量的120%。各地组织的区域性示范创建工作，由各地结合实际自行制定标准创建验收，并纳入当地示范场。

（4）强化创建培训。各省区负责对本省区创建单位进行集中培训与技术指导，推广畜禽粪便综合利用实用技术模式，带动提高畜禽规模养殖质量效益。各创建单位根据要求对基础设施进行改造、管理措施进行规范。

（5）实施验收挂牌。农业部制定生猪、奶牛、蛋鸡、肉鸡、肉牛和肉羊示范场验收评分标准（2016年进行了修订，标准电子版从农业部网站信息公开栏下载）。省级畜牧兽医主管部门可结合实际，制定本省区验收评分标准，但相关指标不得低于我部发布的验收标准。兔、水禽、蜜蜂示范场验收评分标准由各试点省自行制定，4月底前与创建单位名单一并报农业部畜牧业司备案。各地要按照验收评分标准和既定程序，组织专家评审验收，并将验收合格的标准化养殖场在当地媒体上公示，公示无异议后报农业部畜牧业司。各地务必要从严考核，宁缺毋滥。我部根据上报结果组织抽查复核，统一对外发布示范场名单。根据我部发布的示范场名单，各省区自行制作并颁发示范场标牌。

（6）发挥示范效应。在组织好新一轮示范创建工作的同

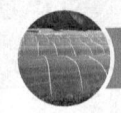

时，省级畜牧兽医主管部门要以已挂牌的示范场为重点，组织开展多种形式的示范推广活动，确保措施具体，成效显著，切实使示范场标准化生产技术看得懂、学得会，带动更多养殖场户在发展标准化生产中受益。各省区于11月30日前，将示范带动工作总结以电子版格式发送畜牧业司畜牧处。

（7）加强监督管理。农业部畜牧业司会同全国畜牧总站组织专家开展督导调研，指导各地开展示范创建活动。兔、水禽、蜜蜂示范场由农业部畜牧业司会同全国畜牧总站进行抽查。省级畜牧兽医部门应设立监督举报电话，接受社会监督，确保活动开展得公开、公平、公正。要建立健全创建活动考核机制，按照农业部办公厅印发《关于农业部畜禽标准化示范场管理办法（试行）的通知》（农办牧〔2011〕6号）的要求，加强对本省区已挂牌畜禽养殖标准化示范场的日常监管。各省区要按照示范场管理办法的有关规定，组织开展2013年挂牌示范场复检工作，并于6月30日前将检查结果上报农业部畜牧业司，我部审核后统一对外发布复检结果。复检不合格的2010—2012年挂牌示范场，经整改后达到示范场验收评分标准的，可参与2016年创建活动。

（8）推进产业化经营。各地要通过多种形式积极推进畜禽养殖标准化示范场的产业化经营，鼓励支持标准化示范场打造自主品牌，与畜产品加工龙头企业、大中型批发市场和超市等进行合作，促进产销衔接。

第十九章 精准扶贫脱贫政策

一、发展特色产业 促进精准脱贫

（一）指导思想

在指导思想上，要切实按照中央脱贫攻坚的战略部署和精准扶贫、精准脱贫的基本方略，紧紧围绕建档立卡贫困人口增收脱贫，发挥新型经营主体和龙头企业带动作用，整合财政涉农资金，加大金融支持力度，加快培育一批能带动贫困户长期稳定增收的特色优势产业。在发展目标上，提出到2020年，贫困县扶持建设一批贫困人口参与度高的特色产业基地，建成一批对贫困户脱贫带动能力强的特色农产品加工、服务基地，初步形成特色产业体系；贫困乡镇、贫困村特色产业突出，特色产业增加值显著提升；贫困户掌握1~2项实用技术，自我发展能力明显增强。在基本原则上，要坚持聚力到户、受益精准；因地制宜、产业精准；科学设计、项目精准；保护生态、绿色发展；帮贫脱贫、联动联考。

农业支持保护政策

(二) 选准产业

产业是发展的根基、脱贫的主要依托。各地资源条件千差万别，贫困户经营能力和脱贫需求也不尽相同，必须因地制宜选择产业，不能不顾实际，盲目一哄而上，引进水土不服的产业。产业发展是一种经济活动，产业扶贫要坚持市场导向，遵循市场和产业发展规律。《意见》提出要科学确定产业，就是要在分析贫困县资源禀赋、产业现状、市场空间、环境容量、新型主体带动能力和产业覆盖面的基础上，进一步调整产业结构，优化产业布局，选准适合自身发展的产业。要按照全产业链理念打造产业，积极发展产品加工，拓展产业多种功能，大力发展休闲农业、乡村旅游和森林旅游休闲康养，促进一二三产业融合发展，拓宽贫困户就业增收渠道。

(三) 培育新型经营主体

产业发展离不开龙头带动，没有龙头就没有市场，就没有价值链。《意见》强调，要发挥新型经营主体带动作用，就是要培育壮大贫困地区种养大户、农民合作社、龙头企业等新型经营主体，支持通过土地托管、牲畜托养、吸收农民土地经营权入股等途径，带动贫困户增收，与贫困户建立稳定的带动关系。支持新型经营主体向贫困户提供全产业链服务，切实提高产业增值能力和吸纳贫困劳动力就业能力。此外，要引导和鼓励返乡农民工、中高等学校毕业生、退役士兵等人员，开发农村特色资源，发展产业。

(四) 创新机制

产业扶贫目的是为了贫困人口脱贫，必须找准产业项目与贫困户增收的结合点，真正建立起贫困户分享产业发展红利的有效机制。《意见》强调要完善利益联结机制，就是要把共享理念贯穿到产业发展链条中，把贫困户精准受益作为扶持产业发展的必备条件，对企业等新型经营主体给予财政投资的前置条件。一方面，要鼓励开展股份合作，农村承包土地经营权、农民住房财产权等可以折价入股，集体经济组织成员享受集体收益分配权；有关财政资金在不改变用途的情况下，投入设施农业、养殖、光伏、水电、乡村旅游等项目形成的资产，具备条件的可折股量化给贫困村和贫困户。另一方面，推广订单帮扶模式，鼓励新型经营主体和有产业发展能力的贫困对象，共同开发特色产业，依法签订利益共享、风险共担的合作协议。

（五）健全保障体系

从金融、科技、人才等方面，提出要增强产业精准扶贫的支撑保障体系。一要健全金融服务体系，从扶贫小额信贷、扶贫再贷款等方面强化金融扶持，鼓励金融机构创新符合贫困地区特色产业发展特点的金融产品和服务方式。加大对贫困地区产业发展的保险支持力度，建立产业发展风险防控机制。二要健全科技和人才支撑服务体系，鼓励各级技术研发推广机构和技术人员以产业基地为依托，加快科研成果转化应用，加强地方特色农畜产品品种保护利用，推进信息进村入户。加大贫困地区新型职业农民培育和农村实用人才带头人培养力度。三要健全市场支撑体系。改善流通基础设施，大力发展电子商务，建立农产品网上销售、流通追溯和运输配送体系，积极培育产品品牌，提高产品品质。

（六）保障措施

主要包括四方面的措施：一是加强组织领导，中央和国家机关有关部门建立产业精准扶贫工作部门协调机制，各省（区、市）明确由农业、扶贫部门会同相关产业部门共同推动产业扶贫工作，县级党委和政府承担主体责任。二是组织规划编制，组织编制省、县两级产业精准扶贫规划，科学设计项目，明确带动主体，确保贫困人口精准受益。三是建立调度机制，建立建档立卡贫困户参与产业脱贫信息报送制度，动态跟踪、及时更新产业扶贫信息，实现精准化管理。四是加强督查考核，建立产业扶贫县域考核指标体系，开展联合督查、行业督查、第三方评估等，把产业精准扶贫工作督查结果作为对各地脱贫攻坚成效考核的重要内容。

二、农业项目资金向贫困地区倾斜政策

为贯彻党中央国务院关于打赢脱贫攻坚战的决策部署，落实九部委关于《贫困地区发展特色产业促进精准脱贫指导意见》的精神，农业部印发了《关于加大贫困地区项目资金倾斜支持力度促进特色产业精准扶贫的意见》（农计发〔2016〕94号）。

（一）农业项目资金向贫困地区倾斜思路和原则

推进农业部建设项目和财政资金向贫困地区倾斜，支持特色产业精准扶贫的总体思路是全面贯彻落实中央关于脱贫攻坚决策部署，坚持精准扶贫、精准脱贫的基本方略，牢固树立创新、协调、绿色、开放、共享的发展理念，立足于贫困地区发展实际，突出需求导向，强化规划统领，结合现有渠道，

加大农业项目资金倾斜支持力度,不断壮大农业特色主导产业,促进贫困地区传统农业加快向现代农业迈进,助力扶贫对象精准受益,稳定提高收入,如期实现脱贫攻坚目标,为全面建成小康社会作出积极贡献。具体要做到四个"坚持"。一是坚持规划引领。把"十三五"脱贫攻坚规划、特色产业精准扶贫规划和相关专项规划,作为农业项目资金向贫困地区倾斜安排的重要依据,以项目支撑规划任务落实,分级推动各类规划有效实施,切实发挥规划的引领作用。二是坚持产业优先。把做大做强特色产业作为农业项目资金倾斜安排的首要任务,统筹加强贫困地区特色农产品生产、加工、流通设施条件建设,提升综合服务能力,构建优势突出、特色鲜明、绿色高效的现代农业产业体系,开掘富源,拔掉穷根。三是坚持精准安排。把精准配置资源作为向贫困地区农业项目资金倾斜安排的重要遵循,选准特色农业发展薄弱环节和产业发展重点,建立与贫困地区相适应的差别化项目资金准入门槛,强化涉农资金统筹使用,变项目资金安排由"扶优扶强"为"扶特扶精",提高贫困对象的参与度与受益度。四是坚持公开透明。把"阳光操作"作为农业项目资金倾斜安排的基本要求,深入推行农业项目公示制度,及时向社会公开项目安排等相关信息,接受社会监督,确保项目实施的各环节科学透明、程序规范、公开公正。

(二)助推贫困地区特色产业发展的重点

"十三五"期间,要着力在农业生产基础设施、农业科技推广服务、现代农业产业体系、新型经营主体发展、农业防灾减灾等方面,加大农业项目资金向贫困地区倾斜支持力度。一是加强农业生产基础设施建设。对于在新增千亿斤粮食

农业支持保护政策

生产能力规划范围内的151个贫困县，年度项目资金优先倾斜安排，加快建成一批旱涝保收、高产稳产、生态良好的高标准农田；向符合条件的贫困地区优先安排标准化规模养殖场建设项目，巩固和提升贫困地区特色产业带动能力。二是强化农业科技推广服务。现代农业产业技术体系项目向贫困地区延伸，基层农技推广体系改革与建设、粮棉油糖绿色高产高效创建、园艺作物标准园创建等补助资金向贫困地区倾斜安排，加大贫困地区农机购置补贴政策扶持力度，支持符合条件的贫困县加强良种繁育基地等设施条件建设。三是构建现代农业产业体系。鼓励符合条件的贫困地区开展"粮改饲"试点。马铃薯主食产品及产业开发试点、高产优质苜蓿示范片区建设、畜牧良种补贴、基础母牛扩群、渔业标准化健康养殖等补助资金，优先安排到符合条件的贫困地区。鼓励贫困地区因地制宜发展一村一品特色产业。农产品产地初加工补助政策资金向贫困地区倾斜。鼓励贫困地区培育特色农业品牌，逐步完善农产品产地市场交易、冷链物流等设施条件。加快发展农业信息化，加快实施信息进村入户工程，大力发展电子商务。支持贫困地区开展全国休闲农业和乡村旅游示范县示范点创建、中国美丽休闲乡村推介、中国重要农业文化遗产认定、休闲农业与乡村旅游星级企业创建，因地制宜在贫困地区开展一二三产业融合试点。四是支持新型经营主体发展。推动涉农建设项目、财政补助补贴资金将贫困地区农业产业化龙头企业、农民合作社、家庭农场列为优先支持对象，鼓励中高等学校特别是农业职业院校毕业生、新型职业农民和农村实用人才、务工经商返乡人员等在贫困地区领办兴办农民合作社、家庭农场。加大新型职业农民培育补助资金对贫困地区的支持力度，重点扶持种养大户、家庭农场主、农民合作社带头人、返乡创业大学生、农民工等;继续在贫困地区开展农村实用人才带头人和大学生村官示范培训工作,开展贫困地区产业发展带头人培训等"扶智行动"。五是提高农业防灾减灾能力。加大贫困地区动物防疫经费支持力度。充分利用小麦"一喷三防"、病虫害防治、草原灭鼠、农业生产应急救灾等政策资金,加大对贫困地区倾斜支持比重和覆盖范围。六是加强资源环境保护。优先在贫困地区设置国家农业可持续试验示范区,优先实施生态循环农业、农村沼气、东北黑土地保护、石漠化综合治理、退牧还草、湿地保护与恢复、农牧交错带已垦草原治理等生态工程,新增退耕还林还草任务优先向贫困县倾斜,在符合条件的贫困地区积极落实草原生态保护补助奖励政策;支持水资源丰富的贫困地区开展渔业增殖放流,加强水生生物保护区建设。

(三)推进农业项目资金向贫困地区倾斜的措施

在建立上下联动机制上,农业部各有关司局依据现有规划和资金渠道,加强与发改、财政等部门沟通协调,及早发布项目申报信息,明确申报条件,优先安排符合条件的贫困地区特色产业发展支持项目。省级农业部门加强贫困地区项目组织申报实施的指导和服务,严格筛选,及时报送符合条件的项目。贫困地区农业部门根据特色产业精准扶贫等规划,积极谋划项目,指导项目单位抓紧开展项目前期工作,落实用地、规划等前置条件,并督促做好项目实施工作。在项目支持方式上,严格落实国家在贫困地区安排的公益性建设项目取消县级和西部连片特困地市级配套资金的政策,并加大中央和省级财政投资补助比重。创新项目审批方式,允许国家级贫困

农业支持保护政策

县以主导产业为依托打捆申报项目。对中央农业项目资金和财政补助资金形成的经营性固定资产,要探索股权量化到贫困户的有效实现形式,确保扶贫对象长期稳定受益。积极争取专项建设基金、各类金融资金投入贫困地区特色产业发展。有关特色产业项目要把建档立卡贫困户精准受益作为支持安排的重要条件,完善带动贫困户脱贫增收的利益联结机制,强化贫困户"造血"功能,带动贫困户增收脱贫。在指导与监查上,对贫困县未纳入资金统筹整合使用范围的农业项目,要加强定期调度和日常监管,强化信息公开确保项目按照批复的建设内容和目标实施,发挥资金使用效益;对已纳入资金统筹整合使用范围的农业项目,要按照国务院的有关要求,及时报省级扶贫开发领导小组备案,并向我部通报。

三、生态保护补偿助力精准脱贫

(一)生态保护补偿助力精准脱贫的意义

目前,全国共有14个集中连片特殊困难地区,592个国家扶贫开发工作重点县,12.8万个贫困村,2 948.5万个贫困户和5 575万贫困人口。据统计,95%的贫困人口和大多数贫困地区分布在生态环境脆弱、敏感和重点保护的地区,发挥着"生态保障"、"资源储备"和"风景建设"的功能。"富饶的贫困"是这些地区普遍面临的尴尬境地。如果只强调消除贫困和发展经济,不重视生态环境保护,国家生态安全、资源安全和景观建设将很难保障;如果只强调保护生态环境,不考虑贫困人口的小康进程,也不符合"决不能让困难地区和困难群众掉队"的脱贫攻坚要义。这是推进生态保护补偿体制机制创新的重要举措,是落实去年习近平总书记在贵州召开部分省区市党委主要负责同志座谈会上强调通过生态补偿脱贫一批的具体行动,为生态保护补偿推进精准脱贫指明了方向,有望点绿成金。

(二)为生态脱贫提供重要物质支撑

生态保护补偿是以保护生态环境、促进人与自然和谐发展为目的,根据生态系统服务价值、生态保护成本、发展机会成本,运用政府和市场手段,调节生态保护利益相关者之间利益关系的激励性制度安排,是平衡协调区域发展的重要政策工具。"把生态保护补偿资金、国家重大生态工程项目和资金按照精准扶贫、精准脱贫的要求向贫困地区倾斜,向建档立卡贫困人口倾斜"。好钢用在刀刃上。这种"造血型"生态保护补偿靶向疗法从根本上找准了生态补偿的切入点,解决贫困地区生态工程建设资金不足、贫困人口因保护生态环境收入不高的问题,确保这些贫困地区生态屏障功能稳定住。

(三)生态保护补偿的根本要义

长期以来,生态脆弱贫困地区脱贫工作的深度、广度、力度和精准度基本上取决于外部"输血量"的多少,一旦输血停止,很容易造成返贫,究其原因是这类区域缺乏有效的造血功能。因此,加大"造血型"生态保护补偿力度,通过创新资金使用方式,利用生态保护补偿引导贫困人口有序转产转业,使当地有劳动能力的部分贫困人口转化为生态保护人员,引导贫困群众依托当地优势资源发展"绿色产业",这是确保这些地区真正脱贫的根本所在。例如,青海省2014年安排15万护林员,提高了贫困农牧户的收入,有效呵护了碧水蓝天;贵州毕节、遵义地区通过烟草产业扶贫让农民获得巨大收益，脱贫致富焕新颜。

（四）生态保护补偿机制的路径

加大贫困地区新一轮退耕还林还草力度，合理调整基本农田保有量，开展贫困地区综合补偿试点。多措并举，构建具有区域特色的绿色产业体系，推动贫困地区走出一条生态环境保护与经济发展双赢之路，实现环境美居民富。实践表明，生态保护补偿在扶贫攻坚中具有巨大的潜力和作用，是扶贫解困、精准脱贫行之有效的新手段、新途径。

对贫困地区开发水电、矿产资源占用集体土地的，试行给原住民集体股权进行补偿，这也为市场化生态保护补偿提供了可供选择的路径，为因地制宜实施精准脱贫、拓宽补偿渠道营造了很好的政策环境。

第二十章
农村土地确权政策

一、农村土地经营权流转政策

伴随我国工业化、信息化、城镇化和农业现代化进程，农村劳动力大量转移，农业物质技术装备水平不断提高，农户承包土地的经营权流转明显加快，发展适度规模经营已成为必然趋势。实践证明，土地流转和适度规模经营是发展现代农业的必由之路，有利于优化土地资源配置和提高劳动生产率，有利于保障粮食安全和主要农产品供给，有利于促进农业技术推广应用和农业增效、农民增收，应从我国人多地少、农村情况千差万别的实际出发，积极稳妥地推进。

（一）农村土地经营权流转的总体要求

1. 指导思想

全面理解、准确把握中央关于全面深化农村改革的精神，按照加快构建以农户家庭经营为基础、合作与联合为纽带、社会化服务为支撑的立体式复合型现代农业经营体系和走

农业支持保护政策

生产技术先进、经营规模适度、市场竞争力强、生态环境可持续的中国特色新型农业现代化道路的要求,以保障国家粮食安全、促进农业增效和农民增收为目标,坚持农村土地集体所有,实现所有权、承包权、经营权三权分置,引导土地经营权有序流转,坚持家庭经营的基础性地位,积极培育新型经营主体,发展多种形式的适度规模经营,巩固和完善农村基本经营制度。改革的方向要明,步子要稳,既要加大政策扶持力度,加强典型示范引导,鼓励创新农业经营体制机制,又要因地制宜、循序渐进,不能搞大跃进,不能搞强迫命令,不能搞行政瞎指挥,使农业适度规模经营发展与城镇化进程和农村劳动力转移规模相适应,与农业科技进步和生产手段改进程度相适应,与农业社会化服务水平提高相适应,让农民成为土地流转和规模经营的积极参与者和真正受益者,避免走弯路。

2. 基本原则

——坚持农村土地集体所有权,稳定农户承包权,放活土地经营权,以家庭承包经营为基础,推进家庭经营、集体经营、合作经营、企业经营等多种经营方式共同发展。

——坚持以改革为动力,充分发挥农民首创精神,鼓励创新,支持基层先行先试,靠改革破解发展难题。

——坚持依法、自愿、有偿,以农民为主体,政府扶持引导,市场配置资源,土地经营权流转不得违背承包农户意愿、不得损害农民权益、不得改变土地用途、不得破坏农业综合生产能力和农业生态环境。

——坚持经营规模适度,既要注重提升土地经营规模,又要防止土地过度集中,兼顾效率与公平,不断提高劳动生产率、土地产出率和资源利用率,确保农地农用,重点支持发展粮食规模化生产。

（二）稳定完善农村土地承包关系

1. 健全土地承包经营权登记制度

建立健全承包合同取得权利、登记记载权利、证书证明权利的土地承包经营权登记制度，是稳定农村土地承包关系、促进土地经营权流转、发展适度规模经营的重要基础性工作。完善承包合同，健全登记簿，颁发权属证书，强化土地承包经营权物权保护，为开展土地流转、调处土地纠纷、完善补贴政策、进行征地补偿和抵押担保提供重要依据。建立健全土地承包经营权信息应用平台，方便群众查询，利于服务管理。土地承包经营权确权登记原则上确权到户到地，在尊重农民意愿的前提下，也可以确权确股不确地。切实维护妇女的土地承包权益。

2. 推进土地承包经营权确权登记颁证工作

按照中央统一部署、地方全面负责的要求，在稳步扩大试点的基础上，用5年左右时间基本完成土地承包经营权确权登记颁证工作，妥善解决农户承包地块面积不准、四至不清等问题。在工作中，各地要保持承包关系稳定，以现有承包台账、合同、证书为依据确认承包地归属；坚持依法规范操作，严格执行政策，按照规定内容和程序开展工作；充分调动农民群众积极性，依靠村民民主协商，自主解决矛盾纠纷；从实际出发，以农村集体土地所有权确权为基础，以第二次全国土地调查成果为依据，采用符合标准规范、农民群众认可的技术方法；坚持分级负责，强化县乡两级的责任，建立健全党委和政府统一领导、部门密切协作、群众广泛参与的工作机

农业支持保护政策

制;科学制定工作方案,明确时间表和路线图,确保工作质量。有关部门要加强调查研究,有针对性地提出操作性政策建议和具体工作指导意见。土地承包经营权确权登记颁证工作经费纳入地方财政预算,中央财政给予补助。

(三)规范引导农村土地经营权有序流转

1. 鼓励创新土地流转形式

鼓励承包农户依法采取转包、出租、互换、转让及入股等方式流转承包地。鼓励有条件的地方制定扶持政策,引导农户长期流转承包地并促进其转移就业。鼓励农民在自愿前提下采取互换并地方式解决承包地细碎化问题。在同等条件下,本集体经济组织成员享有土地流转优先权。以转让方式流转承包地的,原则上应在本集体经济组织成员之间进行,且需经发包方同意。以其他形式流转的,应当依法报发包方备案。抓紧研究探索集体所有权、农户承包权、土地经营权在土地流转中的相互权利关系和具体实现形式。按照全国统一安排,稳步推进土地经营权抵押、担保试点,研究制定统一规范的实施办法,探索建立抵押资产处置机制。

2. 严格规范土地流转行为

土地承包经营权属于农民家庭,土地是否流转、价格如何确定、形式如何选择,应由承包农户自主决定,流转收益应归承包农户所有。流转期限应由流转双方在法律规定的范围内协商确定。没有农户的书面委托,农村基层组织无权以任何方式决定流转农户的承包地,更不能以少数服从多数的名义,将整村整组农户承包地集中对外招商经营。防止少数基层干部私相授受,谋取私利。严禁通过定任务、下指标或将流转面积、流转比例纳入绩效考核等方式推动土地流转。

3. 加强土地流转管理和服务

有关部门要研究制定流转市场运行规范，加快发展多种形式的土地经营权流转市场。依托农村经营管理机构健全土地流转服务平台，完善县乡村三级服务和管理网络，建立土地流转监测制度，为流转双方提供信息发布、政策咨询等服务。土地流转服务主体可以开展信息沟通、委托流转等服务，但禁止层层转包从中牟利。土地流转给非本村（组）集体成员或村（组）集体受农户委托统一组织流转并利用集体资金改良土壤、提高地力的，可向本集体经济组织以外的流入方收取基础设施使用费和土地流转管理服务费，用于农田基本建设或其他公益性支出。引导承包农户与流入方签订书面流转合同，并使用统一的省级合同示范文本。依法保护流入方的土地经营权益，流转合同到期后流入方可在同等条件下优先续约。加强农村土地承包经营纠纷调解仲裁体系建设，健全纠纷调处机制，妥善化解土地承包经营流转纠纷。

4. 合理确定土地经营规模

各地要依据自然经济条件、农村劳动力转移情况、农业机械化水平等因素，研究确定本地区土地规模经营的适宜标准。防止脱离实际、违背农民意愿，片面追求超大规模经营的倾向。现阶段，对土地经营规模相当于当地户均承包地面积10~15倍、务农收入相当于当地二三产业务工收入的，应当给予重点扶持。创新规模经营方式，在引导土地资源适度集聚的同时，通过农民的合作与联合、开展社会化服务等多种形式，提升农业规模化经营水平。

5. 扶持粮食规模化生产

加大粮食生产支持力度，原有粮食直接补贴、良种补贴、农资综合补贴归属由承包农户与流入方协商确定，新增部分应向粮食生产规模经营主体倾斜。在有条件的地方开展按照实际粮食播种面积或产量对生产者补贴试点。对从事粮食规模化生产的农民合作社、家庭农场等经营主体，符合申报农机购置补贴条件的，要优先安排。探索选择运行规范的粮食生产规模经营主体开展目标价格保险试点。抓紧开展粮食生产规模经营主体营销贷款试点，允许用粮食作物、生产及配套辅助设施进行抵押融资。粮食品种保险要逐步实现粮食生产规模经营主体愿保尽保，并适当提高对产粮大县稻谷、小麦、玉米三大粮食品种保险的保费补贴比例。各地区各有关部门要研究制定相应配套办法，更好地为粮食生产规模经营主体提供支持服务。

6. 加强土地流转用途管制

坚持最严格的耕地保护制度，切实保护基本农田。严禁借土地流转之名违规搞非农建设。严禁在流转农地上建设或变相建设旅游度假村、高尔夫球场、别墅、私人会所等。严禁占用基本农田挖塘栽树及其他毁坏种植条件的行为。严禁破坏、污染、圈占闲置耕地和损毁农田基础设施。坚决查处通过"以租代征"违法违规进行非农建设的行为，坚决禁止擅自将耕地"非农化"。利用规划和标准引导设施农业发展，强化设施农用地的用途监管。采取措施保证流转土地用于农业生产，可以通过停发粮食直接补贴、良种补贴、农资综合补贴等办法遏制撂荒耕地的行为。在粮食主产区、粮食生产功能区、高产创建项目实施区,不符合产业规划的经营行为不再享受相关农业生产扶持政策。合理引导粮田流转价格,降低粮食生产成本,稳定粮食种植面积。

(四)加快培育新型农业经营主体

1.发挥家庭经营的基础作用

在今后相当长时期内,普通农户仍占大多数,要继续重视和扶持其发展农业生产。重点培育以家庭成员为主要劳动力、以农业为主要收入来源,从事专业化、集约化农业生产的家庭农场,使之成为引领适度规模经营、发展现代农业的有生力量。分级建立示范家庭农场名录,健全管理服务制度,加强示范引导。鼓励各地整合涉农资金建设连片高标准农田,并优先流向家庭农场、专业大户等规模经营农户。

2.探索新的集体经营方式

集体经济组织要积极为承包农户开展多种形式的生产服务,通过统一服务降低生产成本、提高生产效率。有条件的地方根据农民意愿,可以统一连片整理耕地,将土地折股量化、确权到户,经营所得收益按股分配,也可以引导农民以承包地入股组建土地股份合作组织,通过自营或委托经营等方式发展农业规模经营。各地要结合实际不断探索和丰富集体经营的实现形式。

3.加快发展农户间的合作经营

鼓励承包农户通过共同使用农业机械、开展联合营销等方式发展联户经营。鼓励发展多种形式的农民合作组织,深入推进示范社创建活动,促进农民合作社规范发展。在管理民主、运行规范、带动力强的农民合作社和供销合作社基础

上,培育发展农村合作金融。引导发展农民专业合作社联合社,支持农民合作社开展农社对接。允许农民以承包经营权入股发展农业产业化经营。探索建立农户入股土地生产性能评价制度,按照耕地数量质量、参照当地土地经营权流转价格计价折股。

4. 鼓励发展适合企业化经营的现代种养业

鼓励农业产业化龙头企业等涉农企业重点从事农产品加工流通和农业社会化服务,带动农户和农民合作社发展规模经营。引导工商资本发展良种种苗繁育、高标准设施农业、规模化养殖等适合企业化经营的现代种养业,开发农村"四荒"资源发展多种经营。支持农业企业与农户、农民合作社建立紧密的利益联结机制,实现合理分工、互利共赢的局面。支持经济发达地区通过农业示范园区引导各类经营主体共同出资、相互持股,发展多种形式的农业混合所有制经济。

5. 加大对新型农业经营主体的扶持力度

鼓励地方扩大对家庭农场、专业大户、农民合作社、龙头企业、农业社会化服务组织的扶持资金规模。支持符合条件的新型农业经营主体优先承担涉农项目,新增农业补贴向新型农业经营主体倾斜。加快建立财政项目资金直接投向符合条件的合作社、财政补助形成的资产转交合作社持有和管护的管理制度。各省(自治区、直辖市)根据实际情况,在年度建设用地指标中可单列一定比例专门用于新型农业经营主体建设配套辅助设施,并按规定减免相关税费。综合运用货币和财税政策工具,引导金融机构建立健全针对新型农业经营主体的信贷、保险支持机制,创新金融产品和服务,加大信贷支持力度,分散规模经营风险。鼓励符合条件的农业产业化龙头企业通过发行短期融资券、中期票据、中小企业集合票据等多种方式,拓宽融资渠道。鼓励融资担保机构为新型农业经营主体提供融资担保服务,鼓励有条件的地方通过设立融资担保专项资金、担保风险补偿基金等加大扶持力度。落实和完善相关税收优惠政策,支持农民合作社发展农产品加工流通。

6.加强对工商企业租赁农户承包地的监管和风险防范

各地对工商企业长时间、大面积租赁农户承包地要有明确的上限控制,建立健全资格审查、项目审核、风险保障金制度,对租地条件、经营范围和违规处罚等作出规定。工商企业租赁农户承包地要按面积实行分级备案,严格准入门槛,加强事中事后监管,防止浪费农地资源、损害农民土地权益,防范承包农户因流入方违约或经营不善遭受损失。定期对租赁土地企业的农业经营能力、土地用途和风险防范能力等开展监督检查,查验土地利用、合同履行等情况,及时查处纠正违法违规行为,对符合要求的可给予政策扶持。有关部门要抓紧制定管理办法,并加强对各地落实情况的监督检查。

(五)建立健全农业社会化服务体系

1.培育多元社会化服务组织

巩固乡镇涉农公共服务机构基础条件建设成果。鼓励农技推广、动植物防疫、农产品质量安全监管等公共服务机构围绕发展农业适度规模经营拓展服务范围。大力培育各类经营性服务组织,积极发展良种种苗繁育、统防统治、测土配方施肥、粪污集中处理等农业生产性服务业,大力发展农产品电子商务等现代流通服务业,支持建设粮食烘干、农机场库棚和仓储物流等配套基础设施。农产品初加工和农业灌溉用电执行农业生产用电价格。鼓励以县为单位开展农业社会化服务示范创建活动。开展政府购买农业公益性服务试点,鼓励向经营性服务组织购买易监管、可量化的公益性服务。研究制定政府购买农业公益性服务的指导性目录,建立健全购买服务的标准合同、规范程序和监督机制。积极推广既不改变农户承包关系,又保证地有人种的托管服务模式,鼓励种粮大户、农机大户和农机合作社开展全程托管或主要生产环节托管,实现统一耕作,规模化生产。

2. 开展新型职业农民教育培训

制定专门规划和政策,壮大新型职业农民队伍。整合教育培训资源,改善农业职业学校和其他学校涉农专业办学条件,加快发展农业职业教育,大力发展现代农业远程教育。实施新型职业农民培育工程,围绕主导产业开展农业技能和经营能力培养培训,扩大农村实用人才带头人示范培养培训规模,加大对专业大户、家庭农场经营者、农民合作社带头人、农业企业经营管理人员、农业社会化服务人员和返乡农民工的培养培训力度,把青年农民纳入国家实用人才培养计划。努力构建新型职业农民和农村实用人才培养、认定、扶持体系,建立公益性农民培养培训制度,探索建立培育新型职业农民制度。

3. 发挥供销合作社的优势和作用

扎实推进供销合作社综合改革试点,按照改造自我、服务农民的要求,把供销合作社打造成服务农民生产生活的生力军和综合平台。利用供销合作社农资经营渠道,深化行业合作,推进技物结合,为新型农业经营主体提供服务。推动供销合作社农产品流通企业、农副产品批发市场、网络终端与新型农业经营主体对接,开展农产品生产、加工、流通服务。鼓励基层供销合作社针对农业生产重要环节,与农民签订服务协议,开展合作式、订单式服务,提高服务规模化水平。

土地问题涉及亿万农民切身利益,事关全局。各级党委和政府要充分认识引导农村土地经营权有序流转、发展农业适度规模经营的重要性、复杂性和长期性,切实加强组织领导,严格按照中央政策和国家法律法规办事,及时查处违纪违法行为。坚持从实际出发,加强调查研究,搞好分类指导,充分利用农村改革试验区、现代农业示范区等开展试点试验,认真总结基层和农民群众创造的好经验好做法。加大政策宣传力度,牢固树立政策观念,准确把握政策要求,营造良好的改革发展环境。加强农村经营管理体系建设,明确相应机构承担农村经管工作职责,确保事有人干、责有人负。各有关部门要按照职责分工,抓紧修订完善相关法律法规,建立工作指导和检查监督制度,健全齐抓共管的工作机制,引导农村土地经营权有序流转,促进农业适度规模经营健康发展。

二、农村土地确权登记颁证政策

按照2016年中央1号文件有关精神要求,农业部就进一步做好农村土地承包经营权确权登记颁证有关工作要求如下。

(一)加快工作进度,抓好任务落实

各地要倒排时间表,在保证质量的前提下抓紧工作进度,积极稳妥推进试点,确保到2018年年底,除一些少数民族及边疆地区外,基本完成确权登记颁证工作。试点工作进展较

农业支持保护政策

慢的地区,要抓紧查找问题,尽快修订方案计划,加大工作力度,强化督导落实,确保按时保质完成试点任务;进展较快的地区,要组织开展好"回头看",确保进度服从质量;基本完成的地区,要抓紧健全土地承包经营权确权登记颁证制度,做好变更登记等日常管理服务工作。

(二)严守工作程序,确保工作质量

各地要把保证质量作为确权工作重中之重,按照法律政策规定和技术标准要求,严格遵循准备工作、权属调查、纠纷调处、审核公示、完善合同、建立健全数据库和信息系统、建立登记簿、颁发证书、资料归档等程序,扎实做好各个环节的工作,确保图形、簿证记载的面积、坐落、界址与实地相符,确保承包合同、登记簿、证书记载的确权信息真实准确完整一致,符合标准规范、得到农民群众认可、经得起历史检验。要把握好现场指界、审核公示、签字确认等关键节点,留存有关视频、照片等证明材料,杜绝假公示、假签字等弄虚作假行为,严禁减少必要的实地指界、测量等环节,防止简单以图定界、以面积定界。

(三)规范采购行为,加强管理服务

各地要加强对试点地区确权登记颁证有关服务采购工作的指导管理。严格执行《政府采购法》等法律和有关规定,规范权属调查测绘、数据建库等采购行为,确保公开、公平、公正。应由基层政府承担的宣传培训、成果审核、监督检查等工作,不得外包给技术服务单位独立承担。参与权属调查测绘项目竞标的单位,原则上需具备乙级以上相关专业测绘资质。不提倡采用最低评标价法确定测绘单位,不得低于成本价采购,不得违法收取中标、成交单位有关费用,不得恶意拖欠中标、成交单位项目经费。加强对中标、成交单位的事中事后监管督查,查处违法转包分包行为,对恶意拖延进度、影响任务安排或成果不符合质量要求的,要依法依规处理。

(四)严格权属调查,保证信息准确

各地要依据《农村土地承包经营权调查规程》等技术标准,规范开展方案制定、权属调查、审核公示、勘误修正等工作,查清每个承包地块的坐落、界址、面积和权利归属,形成代码统一、内容完备、信息准确的调查成果,为土地承包经营权确权登记提供依据。充分利用卫星导航定位基准站等测绘基准设施,提高界址点测定、工作底图制作等成果的精确性,避免出现关键界址记录不清、坐标测量不准、面积计算不实等问题。测绘地理信息部门要积极配合农业部门做好相关技术支持,协助做好技术设计、影像纠正、底图检测和成果检验等工作,提供已有地理信息成果,保证信息准确权威,并合理利用确权成果更新地理信息,共同推进信息资源的共建共享。

(五)强化过程督查,做好成果验收

各地要抓紧建立健全确权登记颁证过程监督检查机制。通过组织开展专项检查、抽样调查、实地核查或委托第三方评估等方式,认真查看工作程序是否规范、成果是否符合标准、数据库建设是否符合要求、档案资料是否真实完整、农民群众是否满意。要参照农业部办公厅关于印发《农村土地承包经营权确权登记颁证成果检查验收办法(试行)》(农办经〔2015〕5号)等规定,健全成果验收制度,督促市县扎实做好自查、核查,认真组织做好验收工作。要结合实际,科学制

定验收方案,分期分批地开展成果验收,做到成熟一批验收一批。除一些少数民族及边疆地区外,所有县级行政区已验收合格、面积不准、四至不清等问题已妥善解决、土地承包经营权确权登记制度建立健全、信息应用平台已上线试运行的省份,要适时就完成情况向中央作出报告。

(六)加快数据库建设,保障成果汇交

各地要参照《农村土地承包经营权确权登记数据库规范》等技术标准,以县级行政区为基本单元,扎实做好确权登记数据库完善或建设。要严把数据质量关口,做好县级数据入库合库前后的质量检查,确保确权登记数据真实完整、格式规范、空间参考一致、属性关联关系正确。同一县级行政区域内分标段开展权属调查、数据建库等工作的,应明确数据库建设牵头技术单位。基本完成试点任务的地区,要加强对本辖区确权数据质量的监督检查,纠正错误数据、补充缺失内容,杜绝相邻区域确权成果交错、重叠等问题。确权工作通过验收后,要参照农业部办公厅关于印发《农村土地承包经营权确权登记数据库成果汇交办法(试行)》《农村土地承包经营权确权登记数据库成果汇交办法(试行)》(农办经〔2015〕13号)等规定,及时逐级汇交确权登记数据,为国家确权登记数据汇总和信息应用平台上线运行提供数据保障。

(七)严守保密规定,保障数据安全

土地承包经营权确权登记颁证过程中涉及国家秘密的资料和数据,必须严格按照国家有关保密规定进行管理,确保不发生失密、泄密问题。要增强安全保密意识,健全内部管理监督制度,落实工作责任制,强化对涉密人员、涉密计算机和信息系统、涉密介质和资料成果使用的管理，确保涉密地理空间信息以及农户身份数据的安全。涉及军事禁区、军事管理区的农村土地承包经营权调查，要主动与当地驻军联系；未经军事主管部门批准许可，一律不得在相关区域开展权属调查。涉密数据资料必须在涉密计算机或涉密存储介质中进行存储或处理。确权登记颁证过程中所获得或使用的数据资料不得擅自对外公开，确因工作需要对外公开的，要进行保密审查、脱密处理。未经批准，不得将相关资料和数据对外移交和商业化服务。

（八）强化资金保障，规范资金使用

各地要严格遵守预算法律法规和财政资金管理规定，强化专项经费使用管理，提高资金使用效益，严禁挤占、挪用、截留补助资金，确保合法合规、专款专用。要将农村土地承包经营权确权登记颁证工作经费纳入地方预算，按照财政部关于印发《中央财政农村土地承包经营权确权登记颁证补助资金管理办法》（财发〔2015〕1号）的规定，及时将中央财政补助资金拨付到位。对于外包给社会力量承担的有关工作，各地要根据工作进度和质量情况，按照合同约定及时支付相关款项、返还保证金，避免资金支付不到位影响工作质量和进度。要加大对补助资金的内部审计、财务监督力度，发现贪污、挪用补助经费的，依法严肃处理。

（九）积极探索创新，拓展成果应用

在充分尊重农民意愿的前提下，各地可结合土地承包经营权确权登记颁证，通过互换并地、按户连片种植解决地块细碎化问题，促进适度规模经营发展。基本完成确权登记颁证的

地方,要推进成果在土地经营权流转、抵押担保以及涉农政策扶持等方面的应用,结合实际情况探索成果在新型农业经营主体发展、农业保险、农业规划、生态保护治理、农田基础设施建设等方面的应用。有条件的地方,可以充分利用确权成果,开展土地承包经营权自愿有偿退出试点,深入挖掘成果在发展现代农业、建设美丽乡村等方面的应用潜力,推动确权红利不断释放,实现确权经济效益和社会效益最大化。

(十)妥善解决纠纷,维护农村稳定

要注重对试点地区全局性、倾向性问题的预判和调查,加强对局部地区重大问题的研究,制定解决相关纠纷问题的指导意见。矛盾纠纷集中、问题突出的地区要制定相应的应急处置预案和措施。要依法规范开展农村土地承包经营纠纷调解仲裁工作,积极发挥乡村调解、县市仲裁、司法保障的作用,引导当事人依法理性地反映和解决土地承包经营纠纷。要注重发挥农民群众和乡村干部的主体作用,充分依托协商、调解、仲裁和诉讼等渠道,妥善将各类矛盾纠纷化解在基层。

各省(区、市)要按照本通知的要求,结合地方实际,研究制定相应的政策和措施。

三、农村土地确权登记颁证若干问题解答

(一)为什么要开展农村土地承包经营权确权登记颁证?

(1)开展农村土地承包经营权确权登记颁证是构建中国特色社会主义农村市场经济制度的需要。市场经济的基础是产权制度,为农村土地承包经营权进行确权登记颁证,是建立归属清晰、权责明确、保护严格、流转顺畅的现代农村产权制度

的基础和前提。

（2）开展农村土地承包经营权确权登记颁证是摸清基本国情的重要举措。众所周知，家庭承包是从联产承包开始的，当时农村为了保证"交足国家的、留足集体的"粮食等农产品，普遍存在以产量最高的农田作为标准田，其他的耕地采取折扣方式以多顶少，即1.2或1.5实际亩折扣为一标准亩，据此承包给农户。由此，导致承包档案资料记载的面积与二调面积出入较大，通过全面的农村土地确权登记颁证有助于将这些数据摸准搞清，为宏观决策提供可靠依据。

（3）开展农村土地承包经营权确权登记颁证是赋予农民真正财产权、增加农民财产性收入的重要保证。十八届三中全会《决定》明确要求赋予农民更多的财产权利，而土地承包经营权是最基本、最直接、最可靠的财产权利，通过按《中华人民共和国物权法》（以下简称《物权法》）要求进行确权登记颁证，能够依法落实农村土地承包经营权的用益物权权能，为农民通过入股、抵押、担保和流转等形式，增加财产性收入畅通渠道。

（二）开展农村土地承包经营权确权登记颁证的重大意义是什么？

（1）有利于进一步稳定和完善农村土地承包关系，促进党在农村基本政策的落实。以家庭承包经营为基础、统分结合的双层经营体制是党的农村政策的基础。把土地承包关系搞扎实，把老百姓承包的地块、面积、空间位置等进一步搞清楚，有利于夯实党的农村土地承包经营制度，推动党在农村基本政策的落实到位。

（2）有利于维护农民合法权益，调动农民生产经营积极

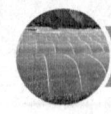

性。按照《物权法》的规定对农村土地承包经营权进行登记颁证，是建立城乡统一的不动产登记制度的重要举措，能够依法落实农民的土地财产权，让农民的财产权益依法得到有效保护。

（3）有利于落实党的强农惠农政策、发展现代农业。通过开展确权登记，把地块、面积、位置搞清楚，既利于保护好耕地，保障13亿人的吃饭问题，有针对性地制定和落实一系列的强农惠农政策，更有利于国家依据登记的数据，拟定现代农业发展规划，出台促进土地流转的政策措施，通过引导土地规范流转，在坚持家庭经营基础上，大力促进种田大户、合作社、家庭农场等新型农业经营主体的发育、壮大，有效解决大量农村劳动力进城后谁来种地的问题。

（4）有利于创新农村社会管理、促进农村社会稳定。农村税费改革后，农村土地承包经营纠纷是影响农村稳定的最突出、最重要的因素。其产生的主要原因是土地承包原始数据和资料保护不力，流转过程中合同不规范、面积不准确、信息不对称等。通过确权登记颁证，将农户承包数据和资料实现信息化管理，既能打消农民流转会产生归属纠纷的担忧，又为解决土地承包经营纠纷提供最清晰、最原始的重要数据，为化解农村的这些矛盾提供最有效、最坚实的基础。

（三）确权登记颁证的工作步骤有哪些？

本次农村土地确权登记颁证涉及广大农民切身利益，各种潜在的历史矛盾十分复杂，必须采取积极、稳妥、慎重的办法逐步推进，一般按6个步骤开展工作。

（1）宣传发动。要把确权登记的重大意义、政策规定、遵循原则等，通过致农民朋友一封信、编印操作手册、召开乡、村、组干部动员会和农民群众座谈会等形式，进行深入广泛的宣传，将基层干部群众的思想广泛发动起来，调动他们积极主动参与。

（2）清查核实。将历史资料、地块现状、群众反映、争议纠纷等有关资料、情况要一一摸清查实，切实做到资料全、数据真、情况准，为开展确权登记奠定扎实基础。

（3）调绘勘测。由专业测绘人员为主、组织农民代表参与，依据二轮承包合同及权证等资料，对农村承包土地进行调绘勘测，力求精准实。

（4）张榜公示。将清查的历史资料、调绘勘测初步结果在村民集中活动场所，用通俗易懂的方式向全体村民公示。公示结果无异议的，要由农户签字认可。有异议的要对（2）、（3）二个步骤重新核查，核查结果再次张榜公示，直至绝大部分农户签字认可。对极少数仍存异议的，暂缓确权登记。

（5）登记颁证。经公示无异议的农户承包土地，按规定程序予以登记颁证，并将结果再次公示，确认无异议后向承包农户发放权证。

（6）归档管理。将本次各阶段相关资料按纸质和电子两类分门别类、归集整理、全面系统、科学建档，由县级以上主管部门和档案管理部门分别妥善保存，并按要求为今后查阅打好基础。

（四）农村土地承包经营权证登记的主要内容是什么？

主要内容是：农村土地承包经营权人姓名（名称）及基本情况（性别、出生年月）；农村土地承包经营权证名称和编号；承包经营期限和起止日期；发包农村土地的集体经济组织名称、土地区位、土地面积、土地用途；农村土地承包经营权

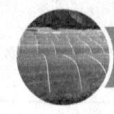

变动情况;核发农村土地承包经营权证的机关及日期;其他应当注明的事项。

(五)农村土地承包经营权确权登记有哪几种方式?

(1)家庭承包方式。①准备前期资料。收集整理承包合同、土地台账、登记簿、农户信息等资料,形成农户承包地登记基本信息表。处理国土"二调"或航空航天影像数据,形成用于调查和实测的基础工作底图。②入户权属调查。根据基础工作底图和农户承包地登记基本信息表,入户实地进行承包地块权属调查,由农户进行确认。对存在争议的地块,待争议解决后再登记。③测量或标注地块成图。按照农业部办公厅关于印发《农村土地承包经营权登记试点工作规程(试行)》(农办经〔2012〕19号)规定的"农村承包土地调查技术规范"要求对承包地块进行测量或标注和绘图,并标注地块编码和面积,形成承包土地地籍草图。④公示审核。由村土地承包经营权登记工作组审核地籍草图后,在村内公示。对公示中农户提出的异议,及时进行核实、修正,并再次公示。公示无异议的,由农户签字确认后作为承包土地地籍图,由村上报所在乡(镇),汇总并核对后上报县政府。⑤建立登记簿。县级农村土地承包管理部门按照统一格式建立土地承包经营权登记簿。土地承包经营权登记簿应当采用纸质和电子介质。为避免因系统故障而导致登记资料遗失破坏,应当进行异地备份。如果条件允许,应采取多种方式多地备份。⑥发放承包经营权证书。依照土地承包经营权登记簿记载内容,发放农村土地承包经营权证书。⑦资料归档。按照农业部、国家档案局《关于加强农村土地承包档案管理工作的意见》(农经发〔2010〕12号)规定,乡(镇)农村土地承包管理部门整理登记相关资料并归档。

特别需要指出的是，本次确权登记可以直接采用国土部门提供的航空数码彩图，在该图基础上勾图到户并制作户籍图粘贴到颁发的承包经营权证上。

（2）其他承包方式。采取招标、拍卖、公开协商等方式，依法承包农村"四荒"地的，当事人申请土地承包经营权登记，按照《中华人民共和国农村土地承包经营权证管理办法》（农业部令第33号）有关规定办理登记，颁发经营权证。对境外企业、组织和个人租赁农村集体土地，暂不予登记。

变更登记、注销登记。承包期内，因下列情形导致土地承包经营权发生变动或者灭失的，进行变更、注销登记：一是因集体土地所有权变化的；二是因承包地被依法征占用导致承包地块或者面积发生变化的；三是因承包农户分户等导致土地承包经营权分割的；四是因土地承包经营权采取转让、互换方式流转的；五是因结婚等原因导致土地承包经营权合并的；六是承包地块、面积与实际不符的；七是承包地灭失或者承包农户消亡的；八是承包地被发包方依法调整或者收回的；九是其他需要依法变更、注销的情形。根据当事人申请，由乡（镇）报请县农村土地承包管理部门依法办理变更、注销登记，并记载于土地承包经营权登记簿。

（六）对外出务工未归承包户的土地承包经营权如何进行登记？

对于常年外出未归、未委托代理人又无法联系的外出人员，可先查清二轮土地承包以来的土地承包状况，按现有承包合同登记的四至和面积预留出相应的土地，待联系到当事农户

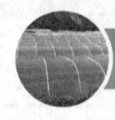农业支持保护政策

后再按本次登记的相关规定进行确权登记颁证。对预留期间当事农户无法自行管理而又未委托他人管理的，其土地暂由集体代为管理。

对外出务工经商农民的承包地，本人不愿耕种的可以依法进行流转，但其承包经营权仍受法律保护。除非本人提出书面申请自愿放弃承包权，否则任何组织和个人均不得剥夺或限制其承包权。已经收回或调整其承包地的，原则上应立即退还。不能立即退还的，要依照有关规定、区别不同情况进行妥善处理。对承包地已经被乡村组织流转给别人耕种的，由乡村组织负责原承包农户与现耕种人直接协商，如原承包农户同意继续流转的，流转收益必须全部归原承包人。经协商达不成一致意见的，应将原承包地归还原承包农户。如果原承包地已被乡村组织发包给本集体组织其他成员，能够收回退还的应限期收回退还，不能收回退还的，乡村组织须制定给原承包农户合理的经济补偿方案，经原承包农户同意后由乡村组织负责给予原承包户经济补偿。

（七）二轮土地承包不完善的以什么为基础进行确权登记颁证？

《中华人民共和国农村土地承包法》规定，"承包合同自成立之日起生效，承包方自承包合同生效时取得土地承包经营权"。因此，确权登记颁证应以土地承包合同为基础。二轮土地承包时已签订土地承包合同的，以二轮土地承包合同为基础；土地承包合同不完善的，应补签承包合同后再确权登记颁证；补签承包合同的起止时间要与当地二轮土地承包合同时间一致。

（八）实测土地面积与承包合同及原来的经营权证书记载有出入的，如何填写登记簿和新证书？

确权登记颁证应严格执行农村土地承包法律政策规定，对实测面积，经公示后据实登记。在登记簿中如实填写"承包地二轮合同面积"和"实际测量面积"（注：农业部登记簿样本中"承包地块情况"分别设计了"承包地合同面积"和"实测面积"两项内容，无论实测面积与合同面积是否有出入，都应分别填写）。对二轮合同面积因地块等级不同折亩计算的，要在登记簿"承包地块情况"的"承包地二轮合同面积"栏内予以注明；对出入较大的要对土地地籍草图进行审核，在村、组进行公示，公示无异议的，才能确权登记。经营权证书只填写实际测量的面积。

（九）对以前个别进行了承包土地调整的地方如何确定家庭承包地的面积？

根据《中华人民共和国农村土地承包法》有关规定，对以前个别地方对承包地进行了调整的，按照尊重历史、正视现实的工作原则，在不违背法规政策的前提下，实行民主协商、村民议决。只要群众认可无异议，在履行完相关手续的前提下，可依据土地承包现状予以确权登记颁证。群众有异议的，按照法律程序解决争议后，再行确权登记颁证。

（十）对土地集体所有权有争议的如何开展土地承包经营权确权登记？

集体经济组织相互之间或与其他组织之间存在土地所有权争议的，先由国土行政主管部门明确土地所有权，再按照相关程序对所涉及土地的承包经营权进行登记，土地所有权一时

难以明确的暂缓登记。

(十一)未经批准私自改变土地农业用途的如何开展土地承包经营权确权登记?

对于未经国土资源部门依法审核批准,自行或者流转给别人将承包地改作宅基地建房或者用于其他非农业用途的,如果占用土地可恢复为农用地,仍按原承包农户进行登记;若建设了固定性建筑,则不对该面积确权登记。对其擅自改变土地农业用途的行为,由集体经济组织报请乡镇人民政府土地管理机构依法处理。

(十二)土地经统一规划整理的如何开展土地承包经营权确权登记?

登记工作开始前,鼓励村民小组在民主协商的基础上,引导农户对细碎化的承包地块进行整合,减少户均承包地块,扩大经营规模,然后按整合后的土地承包关系登记。对以前统一规划整理了的承包土地和农村土地流转以后,受转方统一规划整理了的土地,应按土地整理或流转以前涉及的农户承包关系,合理确定相关农户的承包地四至界限后进行登记。这种情况的承包地四至界限供档案记载使用,不改变已形成的土地流转关系。

(十三)土地承包经营权证书中记载的土地承包起止时间如何确定?

本次登记的土地承包到期时间,统一填写二轮土地承包到期时间,以后国家"长久不变"的具体政策出台后再统一调整。起始时间不写具体日期,仍属于二轮土地承包范畴。由于这次是全面开展土地承包经营权登记工作,本次登记以前颁发的土地承包经营权证、签订的土地承包合同和其他档案记载在本次登记结束后一律作废。登记工作应严格执行技术规范，时间服从任务和质量，不能降低标准赶进度。

（十四）对出嫁女和入赘男的土地承包经营权如何进行确权登记？

出嫁女和入赘男的新居住地变更分配承包土地时，应将其纳入分配范围；新居住地未取得承包地的，其在原居住地的承包地不应收回。新居住地已给其分配承包地的，所在村民小组有向原居住地村民小组告知的义务，原居住地不再保留其承包地。

（十五）现役军人、在校大中专学生、服刑人员、国家机关、国有企事业单位工作人员是否有权确权登记？

根据《中华人民共和国农村土地承包法》（以下简称《农村土地承包法》）第九条规定："承包期内，集体经济组织应当为本集体经济组织的下列人员保留土地承包经营权：①承包方全家户口迁入小城镇，不愿放弃土地经营权的；②解放军、武警部队的现役义务兵和符合国家有关规定的士官；③高等院校、中等专业学校的在校学生；④服刑人员。因此只要原户口在本村，上述人员均应该确权登记。

国家机关、国有企事业单位工作人员、参军提干、达到年限的士官已取得承包地的，按照《农村土地承包法》办法规定不再保留。大中专在校学生保留承包地的，可以进行确权登记；没有保留大中专在校学生的承包地的，登记中不再重新处理。大中专学生毕业三年以上未落户村民小组、没有返回原籍

农业支持保护政策

从事农业生产的,其承包地可不列入登记范围。上述情况均可转给本户未分承包地的其他成员。

(十六)土地重新确权对农民有什么好处?

土地确权其实确定的是土地所有权、承包权、经营权。农村土地是集体的,土地生产经营权是农民个人的,让农民真正成为土地的主人。

好处1:农村二轮承包的延续,让农民放心

自从1998年开始的农村土地二轮承包开始后,明确了我国农用耕地承包期为30年,之后又提出"稳定农村土地承包关系并保持长久不变,不再限定农村土地承包经营的缔约期限",但是很多地方都处于"增人不增地,减人不减地",如果长久不变必定会导致新生人口分不到土地,这是不公平的,所以以确权来保证农民对土地的所有。

好处2:有效保护农民财产

土地没有确权之前,没有明确农民对土地的相对权利,所以出现了很多强征、强占农耕地的现象,而农民成为了受害者,没有得到应有的利益。而现在土地确权后,就算是政府前去征地,也必须和咱农民"谈判",必须严格按照国家征用规定,如果咱农民觉得不合适,可以拒绝,从此土地成为农民的一项"固定资产"。

好处3:贷款方便

以前咱农民贷款很不方便,因为没有可以认定的抵押物,只能用联保等方式,而且贷款额度也不大。这回确权后,土地使用证可以成为一种资产来作为抵押,大大方便了农民贷款,解决农民生产资金紧张的问题。

好处4:农民可放心大胆往地里投入、流转

第二十章 农村土地确权政策

以前,各地对于农民开垦出来的荒山、荒沟、荒丘、荒滩等"四荒地"没有统一的确权政策,虽然实际种植依然是原来开垦的农民,一些农民担心以后这地到底能不能归自己,自己到底能种多久,而且土地流转也存在信任问题,承包土地的人对于能种多久也心里没有底,不敢贸然承包或者承包太多年限。对于"四荒地"确权之后,农民可放心大胆往土地投入基础设施建设,同时对于土地流转也可增加信任度,对增加收入功不可没。

土地确权对于保护农民资产,给农民吃了一颗定心丸,实现"耕者有其田"。

(十七)农村土地确权时,多出来的土地如何处理?

21世纪,是国家经济转型的时期,第一产业迫切要求改变。在我国,国家高度重视"三农"问题,由于我国农民占国家总人口的一半多,只有解决好了农民问题才能实现我国经济质的飞跃。

村土地确权时,是需要通过土地确权专用仪器来确定土地的亩数。在测量的过程中也许就会出现各种问题,最常见的问题是在土地承包时是3亩但是土地确权时却多出了一亩,对于出现以上问题时我们该怎么样去协调呢?首先我们要先明确出现此类情况的原因。

第一种是最常见的一种,就是在农民原本田地的周围还有未经人开垦的土地,故该土地所有人就利用土地周围的无主荒地去进行耕作,造成了比自己原有土地亩数多的情况;

第二种是该土地所有者占用其相邻土地者的土地,这种情况在农村还是比较常见的。有的农村土地没有明显的界限,就会出现我多占用你几分地,你多占用我几分地的

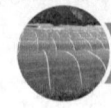
农业支持保护政策

情况。

第三种情况是农民自我在已知自己有4亩地的情况下,为了少交税费或其他费用,故意少说自己的土地面积。

基于我们已经讨论了出现确权时土地亩数和已知原有亩数不同的情况,那么我们接下来就来讨论一下在以上情况下如何确定土地的亩数。

根据我们上面讲的三种情况,确定亩数也是有不同的解决办法,第一种解决办法是国家在土地确权时承认农民自己占用的无主荒地,这对于农民而言可是一件好事。

第二种情况的解决办法是归还占用相邻的有主土地,毕竟建设和谐公平的社会需要从你我做起,从一件小事做起。

对于第三种情况农民少报自己的土地亩数的,在土地确权时要严格按照农民的原有土地亩数进行统计。

四、农村土地所有权承包权经营权分置

2016年11月,中办国办印发《关于完善农村土地所有权承包权经营权分置办法的意见》,具体内容如下。

(一)"三权分置"的提出

改革开放之初,在农村实行家庭联产承包责任制,将土地所有权和承包经营权分设,所有权归集体,承包经营权归农户,极大地调动了亿万农民积极性,有效解决了温饱问题,农村改革取得重大成果。

现阶段深化农村土地制度改革,顺应农民保留土地承包权、流转土地经营权的意愿,将土地承包经营权分为承包权和经营权,实行所有权、承包权、经营权(以下简称"三权")分置并行,着力推进农业现代化,是继家庭联产承包责

任制后农村改革又一重大制度创新。

"三权分置"是农村基本经营制度的自我完善，符合生产关系适应生产力发展的客观规律，展现了农村基本经营制度的持久活力。有利于明晰土地产权关系，更好地维护农民集体、承包农户、经营主体的权益；有利于促进土地资源合理利用，构建新型农业经营体系，发展多种形式适度规模经营，提高土地产出率、劳动生产率和资源利用率，推动现代农业发展。

1. "三权分置"的指导思想

围绕正确处理农民和土地关系这一改革主线，科学界定"三权"内涵、权利边界及相互关系，逐步建立规范高效的"三权"运行机制，不断健全归属清晰、权能完整、流转顺畅、保护严格的农村土地产权制度。优化土地资源配置，培育新型经营主体，促进适度规模经营发展，进一步巩固和完善农村基本经营制度，为发展现代农业、增加农民收入、建设社会主义新农村提供坚实保障。

2. "三权分置"的基本原则

尊重农民意愿。坚持农民主体地位，维护农民合法权益，把选择权交给农民，发挥其主动性和创造性，加强示范引导，不搞强迫命令、不搞一刀切。

守住政策底线。坚持和完善农村基本经营制度，坚持农村土地集体所有，坚持家庭经营基础性地位，坚持稳定土地承包关系，不能把农村土地集体所有制改垮了，不能把耕地改少了，不能把粮食生产能力改弱了，不能把农民利益损害了。

坚持循序渐进。充分认识农村土地制度改革的长期性和

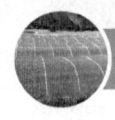

复杂性，保持足够历史耐心，审慎稳妥推进改革，由点及面开展，不操之过急，逐步将实践经验上升为制度安排。

坚持因地制宜。充分考虑各地资源禀赋和经济社会发展差异，鼓励进行符合实际的实践探索和制度创新，总结形成适合不同地区的"三权分置"具体路径和办法。

（二）"三权分置"的内涵

1. 始终坚持农村土地集体所有权的根本地位（防止土地兼并、两极分化）

农村土地农民集体所有，是农村基本经营制度的根本，必须得到充分体现和保障，不能虚置。土地集体所有权人对集体土地依法享有占有、使用、收益和处分的权利（自物权）。农民集体是土地集体所有权的权利主体，在完善"三权分置"办法过程中，要充分维护农民集体对承包地发包、调整、监督、收回等各项权能，发挥土地集体所有的优势和作用。通过建立健全集体经济组织民主议事机制，切实保障集体成员的知情权、决策权、监督权，确保农民集体有效行使集体土地所有权，防止少数人私相授受、谋取私利。

农民集体有权依法发包集体土地，任何组织和个人不得非法干预。有权因自然灾害严重毁损等特殊情形依法调整承包地。有权对承包农户和经营主体使用承包地进行监督，并采取措施防止和纠正长期抛荒、毁损土地、非法改变土地用途等行为。承包农户转让土地承包权的，应在本集体经济组织内进行，并经农民集体同意。流转土地经营权的，须向农民集体书面备案。集体土地被征收的，农民集体有权就征地补偿安置方案等提出意见并依法获得补偿。

2. *严格保护农户承包权（确保广大农民基本生存权及平等分享土地发展权）*

农户享有土地承包权是农村基本经营制度的基础，要稳定现有土地承包关系并保持长久不变。土地承包权人对承包土地依法享有占有、使用和收益的权利（他物权，用益物权）。农村集体土地由作为本集体经济组织成员的农民家庭承包，不论经营权如何流转，集体土地承包权都属于农民家庭。任何组织和个人都不能取代农民家庭的土地承包地位，都不能非法剥夺和限制农户的土地承包权。在完善"三权分置"办法过程中，要充分维护承包农户使用、流转、抵押、退出承包地等各项权能。

承包农户有权占有、使用承包地，依法依规建设必要的农业生产、附属、配套设施，自主组织生产经营和处置产品并获得收益。有权通过转让、互换、出租（转包）、入股或其他方式流转承包地并获得收益，任何组织和个人不得强迫或限制其流转土地。有权依法依规就承包土地经营权设定抵押、自愿有偿退出承包地，具备条件的可以因保护承包地获得相关补贴。承包土地被征收的，承包农户有权依法获得相应补偿，符合条件的有权获得社会保障费用等。不得违法调整农户承包地，不得以退出土地承包权作为农民进城落户的条件。

3. *加快放活土地经营权（促进农地资源优化配置、建设现代农业）*

赋予经营主体更有保障的土地经营权，是完善农村基本经营制度的关键。土地经营权人对流转土地依法享有在一定期限内占有、耕作并取得相应收益的权利。在依法保护集体所有

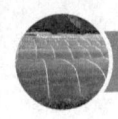

农业支持保护政策

权和农户承包权的前提下,平等保护经营主体依流转合同取得的土地经营权,保障其有稳定的经营预期。在完善"三权分置"办法过程中,要依法维护经营主体从事农业生产所需的各项权利,使土地资源得到更有效合理的利用。

经营主体有权使用流转土地自主从事农业生产经营并获得相应收益。有权在流转合同到期后按照同等条件优先续租承包土地。承包农户流转出土地经营权的,不应妨碍经营主体行使合法权利。经承包农户同意,可依法依规改良土壤、提升地力,建设农业生产、附属、配套设施,并依照流转合同约定获得合理补偿。经营主体再流转土地经营权或依法依规设定抵押,须经承包农户或其委托代理人书面同意,并向农民集体书面备案。

流转土地被征收的,地上附着物及青苗补偿费应按照流转合同约定确定其归属。加强对土地经营权的保护,引导土地经营权流向种田能手和新型经营主体。支持新型经营主体提升地力、改善农业生产条件、依法依规开展土地经营权抵押融资。鼓励采用土地股份合作、土地托管、代耕代种等多种经营方式,探索更多放活土地经营权的有效途径。

(三)"三权分置"的自我实施机制

落实"三权分置"要坚持市场导向,健全自我实施保障机制。农村土地"三权分置"是继家庭联产承包责任制后的又一制度创新,两者一脉相承,都是在总结农民群众实践基础上逐步转化为全国性政策。同时,由于两大制度创新产生和实施的历史背景、时代条件不同,在落实"三权分置"过程中,一定要坚持市场导向,着力健全促进其自我实施的体制机制,确保充分发挥政策创设的积极作用。

第二十章　农村土地确权政策

"三权分置"源于市场经济环境下实践需求的推动。20世纪七、八十年代实行联产承包责任制，处于计划经济时代，无论是改革前的生产队还是改革初期的承包农户，其农业生产经营行为都附属于计划种植、统购统销的宏观调控。"三权分置"孕育于社会主义市场经济环境，其实质是典型的诱致性制度变迁。在承包地流转形成的"三权分置"格局中，流出承包地的农户可以获得租金收入，并因其劳动力的解放而获得非农就业收入；新型主体则可以通过扩大经营规模提升农业效益，在同样的承包土地上获得比支付租金更高的农业生产经营收入。

实践中，"三权分置"最早在经济发达地区出现也说明了这一点。如20世纪90年代中期，浙江一些地区就已经给新型经营主体发放流转土地他项权证，在山东枣庄等一些农村改革试验区也给流入方发放流转土地使用权证。因此，如果说承包制率先在比较贫困的农村突破，是因为太穷太苦，受生活所逼、铤而走险，主要体现社会发展规律的话；"三权分置"最早在经济发达地区出现，则是因为非农就业机会多，是市场配置资源的必然结果，主要体现了市场规律的作用。

实施"三权分置"的政策取向是发挥市场在农地资源配置中的主导作用。实行家庭联产承包责任制，"两权分离"的实施，主要是农村集体经济组织内部的事情，由农民群众按照国家法律政策平均承包集体土地，更多地体现了农村集体经济组织内部生产资料分配的公平性。实行"三权分置"，是以"两权分离"机制的确立为前提，其创新之处主要在于赋予经营权相对独立的权能，并允许各类市场主体按照竞争法则配置土地经营权，以推进农地资源的优化配置，促进土地适度规模

农业支持保护政策

经营和现代农业发展。经营权的放活,则超越了传统集体社区的边界,只要给的流转价格合适,无论是否本集体经济组织成员,都可以流转到土地经营权发展农业生产。

落实"三权分置"要着力健全市场导向的自我实现机制。"三权分置"源于市场经济环境下的实践需求推动,政策目标是促进农地资源的优化配置,我们落实"三权分置"也一定要坚持市场导向,着力健全相关保障制度,为其自我实施创造良好的外部环境。

第一,就流转内容而言,经营权的权能多少应由市场主体自行决定。与农户承包权权能由法律规定不同,经营权的权利内容应由流转双方协商确定。这主要是因为,不同经营主体利用流入土地从事的产业不同,对土地租期、改善农田设施、培肥地力等方面的要求各异,国家不可能通过整齐划一的方式规定所有经营主体获得的经营权内容。把权力交给市场,让双方通过签订流转合同来约定,以适应农业生产实践对土地权能需求的丰富性、多样性。因此,政府也不宜直接颁发经营权证书,因为我们不可能设计一个包罗万象的证书式样,可以涵盖成千上万新型主体的各种需求。到底流转多少权能,让流转双方自己权衡,流转的权能少,租金就可能低一些,流转的权能多,租金就可能高一些。

第二,就流转进程而言,承包土地经营权流转率多高要遵循市场规律。我们搞承包制,实行"两权分离",强调的是公平,遵循的是公开、公平、公正的原则。在实施时就要求步调一致,充分保障农户的土地承包经营权。实行"三权分置",强调是效率,遵循自愿、有偿、协商的原则。在实施时,就要坚持因地制宜、因势利导的原则,体现差异性、多样性的特点,不能依靠行政命令,要求某地在什么时候达到多高的流转比率,更不能要求流转率达到100%。

第三,政府的任务主要是做好制度设计和权利保护工作。强调市场机制在落实"三权分置"中的主导作用,并不是说政府在其中无所作为。实施"三权分置"需要政策法律的保障和引导。要尽快完善土地承包相关法律政策,维护好农民土地集体所有权、农户土地承包权,在此基础上平等保护流入方依流转合同取得的土地经营权。同时,要通过健全土地经营权流转市场、培育市场中介组织等方式,为流转双方提供信息发布、政策咨询、价值评估等服务,为"三权分置"的有序实施提供重要保障。

五、农村房屋宅基地确权政策

(一)农村房屋等须颁发统一产权证书

2014年,国土资源部等五部委联合印发《关于进一步加快推进宅基地和集体建设用地使用权确权登记发证工作的通知》(国土资发〔2016〕191号),此后,农村宅基地和集体建设用地确权登记发证工作取得积极进展,但也存在着农村地籍调查工作基础薄弱,个别地方不动产登记工作进展缓慢,一些地方宅基地"一户多宅"、面积超占严重等突出问题。特别是农村土地制度改革试点地区土地确权登记发证迟缓,直接影响了试点工作的顺利推进。

"农村宅基地和集体建设用地使用权以及房屋所有权是不动产统一登记的重要内容。"要按照《不动产登记暂行条例》(国务院令第656号)、《不动产登记暂行条例实施细则》(国土资源部令第63号)、《不动产登记操作规范(试

行）》（国土资规〔2016〕6号）等法规政策规定，颁发统一的不动产权证书。

同时，要根据当地工作条件，因地制宜选择合适的调查方法，开展房地一体的农村权籍调查，将农房等宅基地、集体建设用地上的定着物纳入调查范围。农村权籍调查不得收费，不得增加农民负担。此外，还要将宅基地、集体建设用地和房屋等定着物一并划定不动产单元，编制不动产单元代码，为农村不动产配上"身份证号"。

《通知》要求，开展权籍调查时，不动产登记机构应将宅基地、集体建设用地和房屋的权属调查结果送达农村集体经济组织，并在村民会议或村民代表会议上说明，同时以张贴公告等形式公示权属调查结果，做到农村权籍调查公正、公开，充分保障农民的知情权。

（二）"一户多宅"登记应公告无异议

对于农村住宅存在的历史遗留的"一户多宅"等如何进行确权登记，《通知》也作出了具体规定。

针对"一户多宅"问题，《通知》强调，宅基地使用权应按照"一户一宅"要求，原则上确权登记到"户"。

"考虑到实践中户籍管理与宅基地管理不衔接，公安部门规定有独立住址才能分户，而基层国土资源部门在户籍分户后才批准使用宅基地，因此导致符合当地分户建房条件未分户但未经批准另行建房分开居住的。"《通知》要求地方结合实际经本农民集体同意并公告无异议，并按规定补办有关用地手续后依法予以确权登记；未分开居住的，其实际使用的宅基地没有超过分户后建房用地合计面积标准的，依法按照实际使用面积予以确权登记。

第二十章 农村土地确权政策

（三）宅基地面积超占分3个时间点处理

宅基地面积超占也属于历史遗留问题，《通知》明确对于历史上经过批准的宅基地，认可批准的效力，按照批准面积确权登记。对于未经批准占用宅基地的，《通知》分历史阶段予以处理。

"因宅基地使用面积标准是1982年《村镇建房用地管理条例》规定的，1987年写进《中华人民共和国土地管理法》。《通知》结合国土资源部有关规定，又考虑到当前不动产登记工作加快推进的有关要求以及宅基地试点改革正在探索对超占面积进行有偿使用等。"这部分宅基地分1982年以前、1982—1987年、1987年以后3个历史阶段对宅基地超占面积如何确权登记进行了规定。

具体登记规定是，1982年《村镇建房用地管理条例》实施前，农民集体成员建房占用的宅基地，范围在《村镇建房用地管理条例》实施后至今未扩大的，无论是否超过其后当地规定面积标准，均按实际使用面积予以确权登记；1982年《村镇建房用地管理条例》实施起至1987年《土地管理法》实施时止，农民集体成员建房占用的宅基地，超过当地规定面积标准的，超过面积按国家和地方有关规定处理的结果予以确权登记；1987年《土地管理法》实施后，农民集体成员建房占用的宅基地，符合规划但超过当地面积标准的，在补办相关用地手续后，依法对标准面积予以确权登记，超占面积在登记簿和权属证书附记栏中注明。

（四）非本农民依法取得宅基地可以登记

针对非本农民集体成员（含城镇居民和华侨）依法取得

的宅基地，《通知》规定要依法予以确权登记。

非本农民集体成员使用宅基地有两种情况。第一种是政府实施扶贫搬迁、地质灾害防治、新农村建设、移民安置等项目组织农民易地建房使用宅基地。这种情况使用的宅基地都是经统一规划和批准的，应予以确权登记。为防止迁新、建新不退旧，《通知》要求在退出原宅基地并注销登记后，再办理登记手续。

第二种是1999年之前非农业户口居民（含城镇居民和华侨）合法取得的。对于这种情况，因宅基地属于农民的福利性待遇，但对非农业户口居民（含城镇居民和华侨）因转让、赠与房屋以及经政府审批建房等方式占用宅基地的，《通知》认可其合理性，分1982年前、1982—1999年两个历史阶段，规定了确权登记的政策。

因为1999年国办发文禁止城市居民再以自行建造或购买的方式获得宅基地。所以1999年之后城镇居民使用宅基地的，不予确权登记。

此外，《通知》也对集体建设用地使用权确权问题做了具体规定。

（五）妇女及进城农民合法权益有保障

为有效维护农村妇女宅基地权益，《通知》明确，农村妇女作为家庭成员，其宅基地权益应记载到不动产登记薄及权属证书上。农村妇女因婚嫁离开原农民集体，取得新家庭宅基地使用权的，应依法予以确权登记。

参考文献

财政部,农业部. 2015. 财政部农业部关于调整完善农业三项补贴政策的指导意见[EB/OL]. [2019-06-13]. http://jiuban.moa.gov.cn/zwllm/zwdt/201505/t20150522_4612557.htm

财政部,农业部. 2016. 财政部农业部关于全面推开农业"三项补贴"改革工作的通知[EB/OL]. [2019-06-13]. http://jiuban.moa.gov.cn/zwllm/zcfg/qnhnzc/201604/t20160426_5108762.htm

财政部. 2015. 农业综合开发扶持农业优势特色产业促进农业产业化发展的指导意见[EB/OL]. [2019-06-12]. http://www.gov.cn/zhengce/2016-05/25/content_5076608.htm

发展改革委网站. 2016. 发改委解读:生态保护补偿助力精准脱贫[EB/OL]. [2019-06-13]. http://www.gov.cn/zhengce/2016-05/25/content_5076622.htm

国家发展改革委,国家开发银行. 2017. 关于开发性金融支持特色小(城)镇建设促进脱贫攻坚的意见[EB/OL]. [2019-06-12]. http://www.gov.cn/xinwen/2017-02/08/content_5166536.htm#1

国家农业综合开发办公室. 2015. 关于调整和完善农业综合开发扶持农业产业化发展相关政策的通知[EB/OL]. [2019-06-12]. http://www.gov.cn/zhengce/2016-05/25/content_5076576.htm

国家农业综合开发办公室. 2016. 关于做好2017年国家农业综合开发产业化发展项目申报工作的通知[EB/OL]. [2019-06-13]. http://www.mof.

gov.cn/mofhome/guojianongcunzonghekaifa/zhengwuxinxi/zhengcefabu/xiangmuguanlilei/201610/t20161024_2441890.html

国家农业综合开发办公室. 2017. 关于做好2018年农业综合开发产业化发展项目申报工作的通知[EB/OL]. [2019-06-13]. http://www.mof.gov.cn/mofhome/guojianongcunzonghekaifa/zhengwuxinxi/zhengcefabu/xiangmuguanlilei/201706/t20170630_2635699.html

国务院. 2016. 国务院关于实施支持农业转移人口市民化若干财政政策的通知[EB/OL]. [2019-06-12]. http://www.gov.cn/zhengce/content/2016-08/05/content_5097845.htm

韩洁, 朱守银. 2016. 新形势下农业支持保护政策问题与建议[EB/OL]. [2019-06-11]. https://www.tuliu.com/read-47240.html

河南安普生物. 2016. 2017年养鸡补贴政策出炉，养殖人必看[EB/OL]. [2019-06-13]. http://www.sohu.com/a/122625576_536129

胡冰川, 杜志雄. 2017. 完善农业支持保护制度与乡村振兴[J]. 中国发展观察, （24）: 22–24+28.

华律网. 2019. 如何去申请农业种植补贴[EB/OL]. [2019-06-13]. https://www.66law.cn/laws/459305.aspx

黄家顺. 2002. 论WTO框架下我国农业保护政策的选择[J]. 江汉论坛, （8）: 33–35.

李建平. 2007. 我国农业保护政策研究[M]. 北京: 人民出版社.

农民日报. 2016. 2017年养殖补贴早知道[EB/OL]. [2019-06-13]. https://www.tuliu.com/read-45045.html

农视网. 2016. 2016农业补贴的申请有哪些变化？对农业经营主体有些什么利好？ [EB/OL]. [2019-06-12]. https://www.tuliu.com/read-21874.html

农业部, 财政部, 国土资源部, 国家测绘地理信息局. 2016. 关于进一步做好农村土地承包经营权确权登记颁证有关工作的通知[EB/OL]. [2019-06-13]. http://www.moa.gov.cn/govpublic/NCJJTZ/201604/t20160422_5104469.htm

农业部. 2016. 精准推进产业扶贫 坚决打赢脱贫攻坚战——农业部有关负责人解读《贫困地区发展特色产业促进精准脱贫指导意见》[EB/OL]. [2019-06-13]. http://jiuban.moa.gov.cn/fwllm/tpgj/zcgh/201605/

t20160527_5151655.htm

农业部办公厅. 2016. 农业部办公厅关于印发《2016年畜禽养殖标准化示范创建活动工作方案》的通知[EB/OL]. [2019-06-13]. http://jiuban.moa.gov.cn/sjzz/xumusi/xqyz/201603/t20160307_5041523.htm

农业部发展计划司. 2016. 推进农业项目资金向贫困地区倾斜支持特色产业精准扶贫——《农业部关于加大贫困地区项目资金倾斜支持力度促进特色产业精准扶贫的意见》解读[EB/OL]. [2019-06-13]. http://jiuban.moa.gov.cn/zwllm/zcfg/xgjd/201611/t20161122_5371258.htm

农业农村部,财政部. 2019. 两部门关于做好2019年农业生产发展等项目实施工作的通知[EB/OL]. [2019-06-12]. http://www.gov.cn/xinwen/2019-04/09/content_5380725.htm

农业农村部,财政部. 2019. 农业农村部、财政部发布2019年重点强农惠农政策[EB/OL]. [2019-06-12]. http://www.moa.gov.cn/gk/zcfg/qnhnzc/201904/t20190416_6179338.htm

潘盛州. 1998. 农业保护政策的比较研究[J]. 农业技术经济（5）：1-9.

潘盛州. 1999. 中国农业保护问题研究[M]. 北京：中国农业出版社.

史彦光. 2009. 我国农业保护政策研究[D]. 石家庄：河北经贸大学.

速水佑次郎等. 2003. 农业经济论（新版）[M]. 沈金虎等译. 北京：中国农业出版社.

土流网. 2017. 关于完善农村土地所有权承包权经营权分置办法的意见[EB/OL]. [2019-06-13]. https://www.tuliu.com/read-52736.html

土流网. 2017. 2018年宅基地确权新政策：宅基地如何进行确权登记？[EB/OL]. [2019-06-13]. https://www.tuliu.com/read-69247.html

新华社. 2016. 财政部详解三大举措健全农业支持保护制度[EB/OL]. [2019-06-13]. https://www.tuliu.com/read-32545.html

湛江农讯. 2017. 2017年农业种植的补贴政策具体如何？[EB/OL]. [2019-06-12]. http://www.sohu.com/a/164241595_806685

张天佐,郭永田,杨洁梅.2018. 我国农业支持保护政策改革40年回顾与展望（下）[J]. 农村工作通讯,737（21）：24-30.

张天佐,郭永田,杨洁梅. 2018. 我国农业支持保护政策改革40年回顾与展望（上）[J]. 农村工作通讯,736（20）：16-23.

中共中央办公厅，国务院办公厅. 2014. 关于引导农村土地经营权有序流转发展农业适度规模经营的意见[EB/OL]. [2019-06-13]. http://www.gov.cn/xinwen/2014-11/20/content_2781544.htm

中共中央办公厅，国务院办公厅. 2016. 关于完善农村土地所有权承包权经营权分置办法的意见[EB/OL]. [2019-06-13]. http://www.gov.cn/xinwen/2016-10/30/content_5126200.htm

猪e网. 2016. 全国各地畜禽"禁养区"划分及禁养时间表[EB/OL]. [2019-06-13]. http://www.sohu.com/a/113104516_168900

住房和城乡建设部，国家发展和改革委员会，财政部. 2016. 国家三部委下发关于开展特色小镇培育工作的通知[EB/OL]. [2019-06-12]. http://www.banyuetan.org/chcontent/ly/lydt/2016824/207269.shtml